나의 첫 질문

국어공부
어떻게 해야 할까요?

【프롤로그】

중국 송나라시대 정치가이고 당송팔대가인 구양수는 글을 잘 짓는 방법을 3다(多)라고 했습니다.
① 다독(多讀) : 많이 읽다
② 다작(多作) : 많이 쓰다
③ 다상량(多商量) : 많이 생각하다

즉 책을 많이 읽다보면 어휘력이 풍부해져 생각의 폭이 넓어지고, 또한 생각이 깊어지고,
자연히 하고 싶은 말이 많아지게 되면서 보여주고 싶은 글을 잘 짓게 된다는 것입니다.
이 말은 "국어공부 어떻게 해야 할까요?" 질문에 대한 답변과 맞먹는 말입니다.
미래의 약속은 어휘력·문해력·문장력입니다.

[1] 국어공부 어떻게 해야 할까요?

초등학생들에게 국어공부는 만만하기도 하면서 어렵기도 한 과목이다.

초등 국어에서는 읽기, 쓰기, 듣기, 말하기를 중심으로 문학과 문법을 공부한다. 또한 1학년부터 6학년까지 다양한 종류의 글을 어떻게 읽어야 할지를 가르치고 있다. 이를 통해 어휘력과 문해력, 발표력 등 학습의 기본적인 틀을 만들고 평생의 언어용 능력을 키운다. 국어공부가 중요한 이유다. 국어는 모든 과목의 기초가 된다. 그래서 국어공부를 못하는 아이는 어휘력과 문해력, 발표력이 부족한 결과이기 때문에 다른 과목도 잘할 수가 없다.

국어 교육과정은 읽기, 쓰기, 듣기, 말하기를 바탕으로 문학, 문법 영역으로 구분되어 있다. 하지만 실제로 아이들이 이렇게 세분화 된 영역에 대해서 알기는 어렵다. 물론 선생님은 수업시간에 무엇을 배워야 하는지 수업목표에 대해서 일러주지만 영역과 관련지어 궁극적으로 아이들이 도달해야 할 목표가 무엇이고 어디까지인지 알기는 어려운 일이다. 이것은 초등학생, 중학생, 고등학생까지 국어공부를 하는 학생들이면 비슷하지 않을까 싶다. 학창시절 국어공부가 힘들었고, 수능에서도 언어영역 때문에 애를 먹었던 경험이 있을 것이다.

사실, 국어과목은 배울 것이 많고 실제로 교육과정에서도 가장 많은 시간을 할애하고 있다. 그렇다고 아이들에게 국어를 좋아하느냐고 물어보면 그렇다고 대답하는 아이들이 별로 없다. 그도 그럴 것이 수학은 계산을 통해서 정답이 정확하게 도출되고, 통합교과는 움직임 활동이나 조직활동이 주가 되기 때문에 나름대로 배우는 즐거움이나 자기 만족이 있지만, 국어는 이 두 가지 모두가 불분명하고 거기에 학기초부터 일기, 독서감상문 등 숙제까지 내주니 아이들의 입장에서는 무엇을 배우고 있는지 공부를 어떻게 해야 하는지 뚜렷한 방향이 보이지 않고, 지루하고 답답하게만 느껴지는 과목이다.

여기서 짚고 넘어가야 할 부분은 1968년 국어교과서(문교부 발행)부터 2002년국어교과서 (서울대학교 국어교육연구소 발행)까지 초등학교, 중학교, 고등학교 국정도서 국어교과서의 차례를 살펴보면 논설문, 설명문, 기행문, 생활문, 편지글, 일기, 동시, 동화, 희곡, 관찰기록문, 독서감상문, 웅변연설문 등으로 집약되며 여기에 해당 장르의 다양한 지문이 나오고, 그와 관련한 여러가지 활동들이 제시되고 있다. 국어공부의 영역을 포함한 총체적인 맥락, 그리고 어느 정도의 디테일까지 파악할 수 있다.

[2] 국어공부에서 중요한 것은 무엇일까요?

그렇다면 "국어공부에서 중요한 것은 무엇일까요?" 바로 꾸준한 독서를 통한 읽기 능력과 문해력, 어휘력을 갖추어야 하는 것이다.

국어시험은 지문의 내용을 제대로 이해했느냐를 묻는 문제가 대부분이라서 평소 꾸준하게 책을 읽어온 아이들에게는 크게 문제가 되지 않지만, 평소 책을 읽지 않은 아이들에게는 막막하게 다가올 것이다.

게다가 학년이 올라갈수록 지문은 길어지고 깊이는 깊어지기 때문에 국어는 점점 힘든 과목이 되어간다. 그래서 평소 책을 읽을 때는 문학작품 외에도 정보를 전달하는 글, 주장하는 글을 포함한 논설문, 설명문, 기행문, 생활문, 편지글, 일기, 동시, 동화, 희곡, 관찰기록문, 독서감상문, 웅변연설문 등 다양한 글을 접해 보도록 해야 한다. 예를 들어 논설문은 「기미독립선언문」, 「최현배의 겨레의 얼과 말」, 설명문은 「조지훈의 소재와 표현」, 「신일철의 논리적 사고」, 기행문은 「정비석의 산정무한」, 「이은상의 산 찾아 물 따라」, 일기는 「난중일기」, 「안네의 일기」, 희곡은 「유치진의 원술랑」, 「오 헨리의 마지막 한 잎」, 관찰기록문은 「파브르의 곤충기」, 「시턴의 동물기」, 웅변연설문은 「링컨의 게티즈버그 연설」, 「마틴 루터 킹목사의 나에게는 꿈이 있습니다」 등 장르별로 찾아서 읽어 보기를 권한다. 그러면 자연스럽게 개념 정리도 되고, 사실과 의견을 구분하게 되고, 생각이나 느낌을 글로 표현하는 방법도 익히게 된다.

아울러 국어과목에 자신감을 갖기 위해서는 교과서에 실린 지문의 원래 작품을 찾아 읽는 것은 큰 도움이 된다. 교과서에는 글의 일부분만 실리는 경우가 있기 때문에 원래 작품을 찾아 전체를 읽어보면 글을 더욱 풍부하게 제대로 감상할 수 있고, 글의 구성과 앞뒤 상황이 맞춰져 있는 글을 읽을 수 있어 이해의 폭도 넓어진다.

[3] 국어공부를 통해서 다다르고자 하는 궁극의 가치는 문해력과 자기표현입니다.

문해력이 장르별 지문을 해석하여 문제를 푸는 것으로 평가한다면, 자기표현은 논리적인 말하기가 포함된 글쓰기인 논술이다. 아시겠지만 선진국에서는 모든 시험을 우리나라처럼 객관식이 아닌 에세이로 치른다.

솔직히 어떤 과목이든 그 공부의 궁극적인 목표가 무엇인지 생각하는 친구들은 거의 없다. 그저 하기 싫지만 해야만 하는 것이고, 뭐가 됐든 자기자신에게 도움이 된다고 생각하고 있기 때문에 울며 겨자 먹기로 하는 친구들이 대부분 일것이다.

그래서 "국어공부 어떻게 해야 할까요?" 라고 묻는다면 너무도 뻔한 대답일지 모르겠지만 꾸준한 책읽기와 글쓰기연습이라고 말하고 싶다.

우선 책읽기를 통해 전반적인 문해력을 기를 수 있고, 일기쓰기, 독서록쓰기 등 다양한 글쓰기를 통해 표현력을 향상 시킬 수 있을 것이다. 하지만 이 두 가지 모두를 스스로 재미를 느껴 꾸준히 하기에는 어려움이 많을 것이다.

특히 책읽기는 읽기의 재미를 붙일 때까지 적절한 도움과 관심이 필요한 부분이다. 책에 관심을 가질 수 있도록 자주 노출시켜 주고, 저학년들은 스스로 책읽기를 힘들어 한다면 '독서에 흥미를 느낄 때까지' 귀찮더라도 반복해서 자주 읽어주고 새로운 형태의 책을 권해보는 것도 하나의 방법이라고 할 수 있다. 지금은 종이책(Paper book), 전자책(Electronic book), 듣는책(Audio book) 등 여러가지 형태로 책이 출간되기 때문에 아이가 좋아하는 형태의 책을 선택하여 책읽기에 흥미를 가질 수 있도록 하거나, 만일 아이가 종이책을 부담스러워 하면 오디오북과 병행해서 흥미를 갖도록 동기부여를 제공해준다. 예를 들어 종이책을 펼쳐놓고 효과음악이 있는 오디오북을 듣게 함으로써 독서에 호기심을 가질수 있도록 기회를 마련해 주는 것이다. 노력도 재능이다. 누적된 책읽기는 결국 아이에게 용기와 자신감을 불어넣어 줄 것이다. "어떤 책을 읽으면 좋을까요?" 라는 질문에는, 독서의 중심은 책이 아니라 독자인 아이들이다. 어떤 책이 좋은지보다 아이의 관심사는 무엇인지 아이의 성향과 수준을 파악하고, 어휘력은 어떤지 파악하는 것이 우선이다. 그래서 아이가 흥미를 가지고 좋아하는 책을 먼저 읽게하는 것이 좋다. 시험을 위해 어려운 고전을 먼저 접하게 하여 책과 벽을 만들기보다는 지금의 시대를 배경으로 한 현대 작품들을 먼저 읽으면서 책을 통해 위로를 받아보게 하는 것이 좋다. 그러면서 국어교과서를 읽게하는 것도 놓쳐서는 안된다.

국어교과서를 많이 읽어보는 것은 국어공부에 도움이 되는데 여기에도 전략이 있다.
① 학습 목표를 확인한다.
학습 목표는 소단원에서 무엇을 배우는지를 설명하는 안내 글이다. 이것에 유의하며 읽어나가면 문단의 내용을 잘 이해할 수 있고 요약하기도 쉽다.
② 어려운 낱말을 찾아가며 읽는다.
글을 읽어 나가면서 모르는 낱말이 나오면 그냥 지나치지 말고 그 낱말의 뜻을 문맥에 맞게 유추해 가며 읽어야 한다. 현행 국어교과서는 학생들이 이해하기 어려운 단어에 별표를 달아 단락 맨 아래에 그 뜻을 적어놓고 있다.

③ 내용 이해를 요구하는 질문에 답하며 읽는다.
설명 글일 경우 내용의 이해를 돕기 위해 날개 지면을 이용해서 질문을 던지고 있다. 이런 질문이 나올 때마다 그 질문에 답을 찾아가며 읽어야 한다.
④ 글의 내용을 요약해 이야기한다.
글을 다 읽은 후에는 글의 내용을 얼마나 기억하고 있는지 중요한 내용을 간추려 이야기해보도록 한다. 전체 내용을 한 번에 말하는 것이 어렵다면 몇 부분으로 나누어 이야기하는 것도 좋다. 이 과정에서 어떤 내용을 기억하고 있는지 어떤 부분을 놓쳤는지 알 수 있고 요약하며 말할 수 있는 실력도 높아진다.
⑤ 글의 내용을 어느 정도 이해했는지 확인한다.
소단원 읽기가 끝나면 그 단원의 목표를 달성했는지 확인하는 질문이 나온다. 이 부분은 제대로 공부했는지 점검할 수 있는 부분이기도 하다. 만일 모르는 부분이 있다면 다시 앞으로 돌아가 그 내용을 익히도록 한다. 초등학교 국어공부는 하루아침에 성적이 오르는 과목이 아니다. 평소 꾸준한 독서를 통해 어휘력과 문해력을 향상시켜야 한다. 국어공부의 궁극의 가치는 문해력과 자기표현임을 잊어서는 안된다.

[4] 질문의 크기가 삶의 크기를 결정합니다.

"엄마, 자장면이 먹고 싶어요." "그래? 그럼 먹으러 가자." 그렇게 말하는 것은 지난 과거의 교육과정입니다. 현, 교육과정은 이렇게 말해야 합니다.
"우리 대장이 자장면이 먹고 싶구나. 그런데 볶음밥도 있고 짬뽕도 있고 우동도 있는데 왜 자장면이 먹고 싶지?" 이 물음에 아이가 "그냥 먹고 싶어요." 라고 대답했다면 그것 또한 지난 과거 교육과정 스타일입니다. 이제 아이는 "왜?" 라는 엄마의 물음에 구체적으로 또박또박 '자장면이 먹고 싶은 이유'를 말해야 합니다. 그것이 현 교육과정에서 추구하는 가치입니다.
결국 공부의 핵심은 근원을 따져 밝히고 자신의 의견을 논리적으로 진술하는 데 있습니다. 그것이 바로 논술이며, 이 훈련은 어렸을 때부터 꾸준히 길러 주어야 합니다.
우리는 아이들에게 동화책을 읽힙니다. 책을 읽은 아이에게 엄마는 이렇게 묻습니다.
"재미있니?" 아이는 대답합니다. "네." 그걸로 끝입니다.
동화는 우리 아이들에게 꿈과 용기와 올바른 삶의 방식을 가르쳐 줍니다.
그것을 좀더 확실하게 깨우치게 하려면, "재미있니?" 라는 질문만으로는 곤란합니다.
"왜 그랬을까?" "만일에 그 때 주인공이 이렇게 했다면 결과는 어떻게 달라졌을까?"
"잠깐만, 그 방법밖에 없었을까?"
우리 아이들의 호기심을 자극하고 생각을 확장시킬 수 있는 질문을 던져 준 다음에 조리있는 답을 말할 수 있도록 유도해야 합니다. 그리고 그것을 글로 쓰면 '논술'이 되는 것입니다.
 단순히 읽는 것에서 그치는 것이 아니라 내용의 확실한 이해를 바탕으로 생각을 넓혀 갈 수 있도록 해야 합니다. 그래야 우리 아이들의 사고력과 탐구력이 무럭무럭 자랄 것입니다.
그것이 공부의 핵심입니다.

[5] 필사는 정독 중 정독입니다.

조선시대 세종대왕은 '사가독서(賜暇讀書)'라 하여 집현전 젊은 학자들에게 휴가를 주어 독서에 전념하게 하였으며, 같은 책을 100번 읽고 100번 필사하는 '백독백습 독서법'을 통해 스스로를 성장시키며 나라와 백성을 섬길 수 있었습니다.

① 필사는 글을 베껴 쓰는 것을 말합니다.

일일이 책을 보고 한 글자씩 옮겨 적는 것이지요.
왜 일부러 힘들게 글을 베껴 쓰냐고요? 한 글자씩 글을 옮겨 적는 과정은 단순히 빈 종이를 채우는 것 이상의 여러가지 장점이 있기 때문입니다.

② 필사는 글짓는 능력을 키워 줍니다.

필사는 글짓기 능력을 키우는데 가장 효과적인 방법입니다. 글을 잘 짓는 능력은 태어날 때부터 타고나는 것이 아닙니다. 아무리 유능한 작가라고 하더라도 태어날 때부터 글을 잘 짓는 것은 아닙니다. 그들은 우리가 모르는 수많은 시간동안 노력을 했습니다. 그 중 대표적인 것이 다른 사람들이 써놓은 좋은 책을 필사하는 것입니다.

③ 필사는 어휘능력을 키워 줍니다.

우리가 평소 쓰는 단어는 매우 제한적입니다. 적은 양의 단어로 일상생활에서 대화를 하고 살아가는 데에는 아무런 문제가 없습니다. 하지만 글을 쓸 때에는 다릅니다. 다양한 어휘를 활용해야 좋은 글을 완성시킬 수 있습니다. 어휘력 향상에 가장 통합적인 방법이 바로 필사를 하는 것입니다.

④ 필사는 사고력을 높여 줍니다.

'손은 제2의 두뇌' 라고 부를 만큼, 두뇌활동과 밀접한 연관을 맺고 있습니다. 즉 손을 이용한 다양한 활동은 두뇌활동에도 좋은 영향을 주는 것이죠. 공책에 글을 쓰는 동안 우리 뇌는 계속해서 생각을 합니다. 필사는 단순히 글을 옮겨 적는 것 같아 보이지만 고도의 사고활동이 이뤄지는 과정입니다. 문장을 통해서 작가의 생각을 이해하고 더 나아가 자신만의 생각을 형성해 가게 됩니다.

⑤ 필사는 집중력을 높여 줍니다.

필사는 무엇인가에 집중하지 못하고 정서가 불안한 아이들이 반드시 해야 하는 과정입니다. 어려서부터 필사를 즐겨하는 아이들은 차분한 성격으로 사려깊은 행동을 하게 합니다. 느긋하고 여유롭게 앉아서 필사를 하는 것만큼 아이들의 원만한 성격 형성에 도움이 되는 방법은 없습니다.

⑥ 어떤 책을 필사해야 할까요?

필사를 할 때 중요한 전제 조건이 있습니다. 그것은 바로 아무 책이나 필사의 대상으로 삼아서는 안 된다는 것입니다. 책의 종류는 매우 많습니다. 책 중에는 양서라 불리는 좋은 책이 있는가 하면 그렇지 않는 책도 많습니다. 가장 쉬운 선택은 오랫동안 검증받고 사람들에게 사랑받아온 고전을 선택하는 것입니다. 또 외국 작품보다는 우리나라 작품을 선택하는 것이 좋습니다. 아무리 좋은 외국 작품이라도 원서 그 자체를 읽고 이해하기는 어렵습니다. 대개는 번역된 책을 보게 되는데 외국 작품을 번역하다보면 원서 그 자체의 깊이를 느낄 수가 없습니다. 그래서 될 수 있으면 한국 작품을 선택하는 것이 도움이 됩니다.

[6] 서술의 4가지 기본양식

문장을 쓰기 시작할 때에는 어떤 의도, 곧 중심적 목적을 가진다. 이 목적은 단지 서술한다는 차원에서가 아니라, 전달이라는 차원에서 가지게 된다. 필자와 독자의 관계를 의식하고, 어떤 의도, 어떤 목적으로 쓴다는 것이 명백해야 한다.

문장의 의도, 또는 목적은 ① 논증 ② 설명 ③ 묘사 ④ 서사 등 4가지로 나뉜다. 이 4가지 서술의 기본양식은 시, 소설, 희곡, 일기, 감상문, 관찰문, 서간문, 식사문, 설명문, 논설문, 논문 등 서술에 두루 적용되는 기본 방법이다.

(1) 논증(論證, argument)

어떤 명제에 대하여 논거를 제시하는 서술활동이다.

독자의 생각, 태도, 관점, 감정 등을 변화시키고자 한다. 완전히 객관적으로, 또는 비개인적 방법으로 독자가 가지는 논리적 능력에 호소할 수도 있고, 또는 독자의 감정에 호소할 수도 있으나, 어느 경우이건 그 의도는 독자에게 어떤 변화를 일으키고자 하는 것이다. 어떤 주장, 판단, 의견을 제시하고 증명하여 독자를 설득시키려는 의도로 쓰는 것이 논증이다. (논문, 논설문)

(2) 설명(說明, exposition)

주제를 해설하거나 똑똑히 밝히는 서술활동이다.

독자에게 무엇인가를 알리고자 한다. 무엇을 설명하고, 어떤 사상을 독자에게 밝혀주고, 어떤 성격이나 상황을 분석하고, 어떤 말의 뜻을 풀이하며, 어떤 방향을 제시해 주는 것이다. 이러한 의도로 쓰는 것이 설명이다. (설명문)

(3) 묘사(描寫, description)

사물이 지닌 성질, 사물이 우리의 감각에 만들어 주는 인상이 무엇인가를 나타내 주는 서술활동이다.

자기가 보고 듣고 겪은 사물의 인상을 그대로 생생하게 독자로 하여금 상상적으로 체험하게 하고자 한다. 그 대상은 자연의 정경, 도시나 시골의 풍경, 사람의 얼굴 등 삼라만상이 해당된다. 이러한 대상들을 있는 그대로 객관적으로 그려내어 서술하는 것이 묘사이다.
(묘사는 글쓰기의 꽃이다. 글쓰기 능력은 묘사로 평가된다.)

(4) 서사(敍事, narration)

의미있는 행동의 시간적 과정을 서술하는 활동이다.

어떤 사건의 의미 있는 시간적 과정을 표현하고자 한다. 사건은 웅장하거나 평범한 것일 수도 있고, 스포츠 경기나 전쟁, 각종 선거나 들놀이인 경우도 있을 것이다. 어떤 사건이든, 필자는 시간 속의 한 연속과, 경우에 따라서는 한 사건이 다른 사건으로 어떻게 전개되는가 하는 이유를 제시하고자 하는 것이다. 이러한 의도로 서술하는 것이 서사이다.
(소설, 동화, 기행문, 일화, 전기, 실록, 비사, 신문기사)

[7] 반복은 천재를 만들고 신념은 기적을 만듭니다.

어떻게 하면 공부를 효과적으로 할 수 있을까요? 영어를 쉽고 빠르게 배울 순 없을까요?
"뇌가소성을 알면 가능합니다." 어떻게 하면 효과적으로 두뇌를 업그레이드 할 수 있을지
세 가지를 알려 드리겠습니다.
"조디 밀러"라는 3살 여자아이는 심한 발작을 겪었습니다. 병원에서 진료를 받아보니
〈라스무센 뇌염〉이라는 희귀병이었습니다. 왼쪽 뇌에는 심각한 마비가 찾아왔는데요. 알려진
모든 치료법에 실패하자, 의사들은 두뇌의 절반을 제거하는 반구절 제술을 시행했습니다.
시간이 지났습니다. 뇌절반을 없앤, 이 아이는 어떻게 되었을까요?
놀랍게도 몸 왼쪽에 약간의 마비가 있었지만 정상적으로 살아가고 있었습니다.
우리의 신체 부위별 뇌가 정해져 있고, 만약에 이것이 바뀔 수 없다면 불가능한 현상입니다.
인간의 뇌는 완성된 상태가 아닌 미숙한 상태로 태어납니다.
이후, 우리의 두뇌는 주어지는 자극들을 받아들이고 그 필요에 맞게 가장 적합한 형태로
발달합니다. 이것을 '뇌가소성'이라고 합니다.
컴퓨터나 스마트폰과 같은 하드웨어는 위치별로 역할이 정해져 있습니다. 그래서 특정 부위를
없애면 화면이 보이지 않거나 소리가 들리지 않거나 하는 장애가 발생할 것입니다.
하지만 우리의 뇌는 다릅니다. 일부 영역을 제거하여도 끊임없이 새로운 자극을 받아들이고
그에 맞게 뇌의 영역을 재편합니다.
"뇌는 어려운 과제와 목표에 맞게 항상 스스로를 조정한다. 환경의 요구에 맞춰 자원의 형상을
뜨고 필요한 자원이 없을 때는 직접 만든다." 하지만 이런 가소성은 나이를 먹을수록
떨어진다고 합니다. 그럼 어떻게 하면 가소성을 높여서 두뇌를 발달시킬 수 있을까요?
"정답은 바로 우리의 뇌가 그것을 중요하다고 여기게 만들면 됩니다." 중요하다고 여기는 자극이
생기면 우리의 몸은 그것을 수용하는 피질에 아세틸콜린이라는 물질을 분비합니다.
그러면 그 부위는 어린아이처럼 말랑한 가소성을 갖게 됩니다. 그 뜻인 즉, 새로운 정보를 쉽게
받아들인다는 뜻이죠. 그렇다면 어떻게 뇌가 자극을 중요하게 여기게 만들 수 있을까요?
이것을 잘 활용한다면 외국어를 배우는 데, 시험공부를 할 때, 우리의 신체능력을 발달시키는 데,
운동을 할 때, 그리고 자녀를 양육할 때 등 효과적으로 활용할 수 있습니다.
세 가지 구체적인 행동 방법을 알려드리겠습니다.

첫째, 지속적으로 노출하라
둘째, 생존환경을 만들어라
셋째, 호기심과 보상을 제공하라

첫째, 지속적으로 노출하라
일본에서 태어난 하야토와 미국에서 태어난 아기 윌리엄이 있다고 합시다. 태어난 직후 두
아이의 두뇌는 별다른 점이 없습니다. 하지만 두 아이가 듣는 언어가 다릅니다. 일본어와 영어의
발음 차이 중 가장 큰 것은 R과 L의 구분이 있다는 것입니다.

하야토는 R과 L에 대한 소리의구분이 필요없어 집니다. 시간이 지나, 이 아이는 두 소리를 구분하지 못하게 됩니다. 하지만 윌리암에게 이 두 소리의 구분은 중요한 모국어의 영역이기에 부분 능력이 점차 발달하게 됩니다. 이처럼 발달을 하고 싶은 영역에 대한 지속적인 자극은 뇌를 변화시킵니다.

둘째, 생존환경을 만들어라
즉각적으로 아세틸콜린을 분비해서 뇌에 각인시키는 방법이 있습니다. 그것은 바로 생존의 위협이 되는 경험입니다. 우리는 태어날 때, 불이 위험하다는 것을 모르고 태어납니다. 하지만 한 번이라도 불에 데일 뻔한 경험을 하면 그것은 즉각, 두뇌 깊숙이 자리잡게 됩니다. 뇌는 생존의 위험이 되는 것에 대해서는 특별히 가산점을 부여합니다.
외국에 수년간 체류를 했어도 언어가 늘지 않는 사람들이 있습니다. 한인들끼리만 친하게 지내고 취미 정도로 외국어를 경험한다면 우리의 두뇌는 새로운 이 언어에 대해서 마음을 열지 않을 겁니다. 하지만 외국에 조금 살았지만 금방 언어를 배우는 사람도 있습니다. 바로 외국인들을 상대로 가게에서 일을 하거나 즉각적인 대답이 필요한 환경에 있었던 사람들인데요. 우리의 뇌는 위기에 대해 가산점을 부여하므로 두뇌 가소성이 활성화 되게 됩니다.

셋째, 호기심과 보상을 제공하라
교육심리학자 라슬로프가는 천재는 '태어난 것이 아니라 만들어지는 것이다'라는 신념을 가진 사람이었습니다. 그녀는 세 딸에게 이 신념을 토대로 체스교육을 하였습니다.
먼저 아이들에게 비밀의 방에서 무언가를 하는 것처럼 하여서 체스에 대한 호기심을 불러일으켰습니다. 그리고 점차 자라면서 체스 성적에 따라서 포옹과 시선과 관심을 제공하였습니다. 아이들은 어떻게 되었을까요?
자연스럽게 색다른 체스에 대한 뇌의 회로가 발달할 수 밖에 없었습니다. 세 딸은 모두 어린 나이에 체스 그랜드마스터가 되었습니다. 호기심은 사람을 관심 끌게 하고 뇌의 재편을 활성화합니다. 탈무드, 공자, 소크라테스의 교육법은 모두 질문을 제시하며 시작합니다. 이것은 우연이 아닙니다. 다음으로 보상입니다. 우리에게 적절한 보상이 주어질 때에 뇌에서는 도파민이 분비됩니다. 이것은 자연스럽게 생존의 환경으로 이어지게 되고 더 많은 도파민 분비를 받기 위해서 뇌는 그 방향으로 노력을 하게 됩니다. 보상은 간식과 돈과 같은 물질일 필요는 없습니다. 친구들의 칭찬과 인정, 부모님의 따뜻한 시선도 뇌를 바꾸는 충분한 보상이 될 수 있습니다. 지금까지 뇌가소성과 이것을 이용해 우리의 두뇌를 발달시키는 법에 대해서 알아보았습니다. 뇌가소성이야기는 성장이 없이 정체돼 있다고 느낀 사람들에게는 절망감을 줍니다. 하지만 반대로 앞으로 좋은 자극을 주면 달라질 수 있다는 희망을 주기도 합니다. 뇌는 자신에게 대접하는 만큼 보답을 합니다. 【프롤로그 끝】

나의 첫 질문

국어공부
어떻게 해야 할까요?

제1권 : 어린이 문장강화 **논설문** 편

주식회사 자유지성사

이 책을 내면서

어린이들은 참으로 많은 것을 보고 겪으며 자랍니다. 예쁜 꽃, 귀여운 동물, 싱그러운 바람, 맑은 햇살, 그리고 부모님과 가족들의 따뜻한 사랑, 아름다운 이야기…….

친구들과의 놀이, 장난감, 그림 그리기, 책 읽기, 어린이들에게 필요한 것은 참으로 많습니다.

그 중에서도 충분한 영양분은 어린이들의 몸을 자라게 해 주고 좋은 글 한 편은 정신을 살찌게 해 줍니다. 거기에 좋은 글을 쓸 수 있는 기회가 보태진다면 더더욱 몸과 마음이 튼튼한 어린이로 자랄 것입니다.
　일기를 쓰면서 하루를 반성하고, 동시와 동화를 쓰면서 많은 상상의 세계를 펼치고, 생활문을 쓰면서 사랑을 배우고, 논설문·설명문·독후감을 쓰면서는 논리적이고 체계적인 사고력을 키우게 됩니다.
　좋은 생각이 담긴 글을 많이 읽고, 좋은 생각을 많이 해 보며, 좋은 생각을 글로 표현해 보는 것, 어린이들에게 그것만큼 소중한 것은 다시 없을 것입니다.

2025년 4월
지은이

차 례

나의 첫 질문 국어공부 어떻게 해야 할까요?

제1권 : 어린이 문장강화 **논설문** 편

1. 논설문은 어떤 글일까요? • 9

    2. 논설문의 주제는 어떻게 정해야 할까요? • 15

3. 자료 모으기와 정리하기는 어떻게 할까요? • 69

4. 논설문의 얼개는 어떻게 짜야 할까요? • 81

    5. 논설문은 어떤 형식을 갖고 있나요? • 89

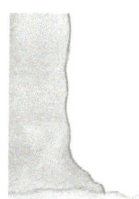

1 논설문은 어떤 글일까요?

　논설문은 자신의 의견이나 주장이 옳다는 사실을 나 아닌 다른 사람에게 강력하게 전달하기 위하여 구체적인 사실을 들어 조목조목 설명하는 글입니다.

　그러므로 논설문은 아름다운 문구나 감상적인 글이 중심이 되어서는 안 됩니다. 논리적이고 체계적인 설명 중심의 글이 되어야 합니다. 하지만 논설문의 설명은 지은이의 주장을 근거로 한 것이므로 객관적인 사실을 바탕으로 한 설명문의 설명과는 다릅니다.

설명문은 읽는 사람의 이해를 목적으로 하지만 논설문은 읽는 이를 설득하기 위한 글이기 때문이지요.

예문

우리는 너무 독서를 하지 않는다. 일본의 경우와 비교해 보았을 때 우리 나라의 독서량은 터무니없을 정도로 낮다.

예문

우리 나라 학생의 일년 평균 독서량은 초등 학생의 경우 7.5권, 중학생의 경우 6권이라는 통계가 나왔다. 그러면 가까운 일본의 경우는 어떠한가. 초등 학생의 경우 한 달 평균 5.8권, 중학생이 3.4권이었다.
그렇다면 우리 나라 학생보다 일본의 초등 학생들이 9.28배, 중학생의 경우 6.8배가 높은 독서를 하고 있다는 것이 된다.

위의 예문 두 가지를 비교해 보았을 때 어떤 것이 더 설득력이 있는지 쉽게 알 수 있을 것입니다.

그렇듯 논설문은 읽는 사람을 설득하기 위해서는 확실한 논리와 근거를 바탕으로 하여야 합니다. 설득력 없이 자기 주장만 내세우는 글은 읽는 사람의 마음을 움직일 수 없습니다.

읽는 사람의 마음을 움직일 수 없다면 그 글은 논설문으로서의 가치가 없지요.

예문

국어 사랑의 참뜻

우리는 일상 생활에서 말을 함부로 쓰기가 쉽습니다. 말을 함부로 쓰면 그 말 속에 담긴 뜻이 잘못 전달되어 엉뚱한 행동을 초래하기도 합니다. 그러므로 이치에 맞는 바른 말을 쓰도록 힘써서 국민으로서의 긍지와 자부

심을 다져 가야 합니다. 우리말과 글을 아끼고 사랑하는 것이 곧 나라 사랑의 길임을 알아야 하겠습니다.

우리가 우리의 국어를 아끼고 바른 말을 써야 하는 이유는 다음과 같습니다.

첫째, 국어는 우리를 더욱 굳게 맺어 주기 때문입니다. 국어 사용은 서로의 생각을 전해 주는 수단인 동시에 감정까지 통하게 합니다. 감정이 통하게 되면 서로간의 이해와 협력이 이루어져서 따뜻한 인정이 싹트게 됩니다. 멀리 외국에 갔을 때, 많은 외국인 속에서 우리말을 들었을 때의 반가움은 모든 장벽을 허물고 우리를 가깝게 해 줍니다.

둘째, 국어는 우리 민족 고유의 문화를 가지게 하기 때문입니다. 우리말은 우리 민족과 같은 역사를 가지고 있고, 생활 감정이 비슷한 우리 민족 사이에서 널리 쓰입니다. 그러므로 다른 언어를 쓰는 다른 민족과는 구별이 됩니다. 언어가 다르면 생활 방식과 문화에서 많은 차이를 보입니다. 결국, 우리 민족 고유의 문화는 우리말에서 비롯된다고 할 수 있습니다.

셋째, 국어는 우리 민족과 운명을 같이하기 때문입니다. 우리는 나라가 흥하면 국어도 함께 강해지고, 나라가 망하면 국어도 함께 힘을 잃어버린다는 뼈저린 경험을 가지고 있습니다. 일본에게 나라를 빼앗겼을 때, 일본은 우리말과 글을 빼앗으려고 안간힘을 썼습니다. 그러나 우리 선조들은 우리말과 글을 지키기 위하여 목숨까지 바치는 희생을 하였고, 그 결과 우리말을 지킬 수 있었던 것입니다.

국어를 사랑해야 하는 것은 우리의 의무이며 도리입니다. 우리말에는 조상들의 정신과 역사가 깃들여 있으므로, 우리말인 한글을 잘 지키고 사랑해야겠습니다.

2 논설문의 주제는 어떻게 정해야 할까요?

　논설문을 쓸 때 가장 먼저 해야 될 일은 주제를 정하는 일입니다. 주제 없이 글을 쓰면 내용이 산만해질 뿐만 아니라 무엇을 말하려 하는지 알 수가 없기 때문입니다.
　주제란 글쓴이의 중심 생각입니다. 어린이 여러분은 흔히 주제와 제목을 혼동하는데, 이 둘은 엄연히 다른 것입니다.
　글을 통해 글쓴이가 나타내고자 하는 생각이 주제라면, 그 주제를 상징할 수 있는 얼굴과 같은 것이 제목입니다.
　예를 들어 황순원의 〈소나기〉라는 소설을 생각해 보세요.

〈소나기〉의 주제는 소년과 소녀의 순수하고 아름다운 사랑입니다. '소나기'는 이야기 속에서 소년과 소녀가 가까워지는 계기가 되어 줍니다. 즉 제목 〈소나기〉는 '소년과 소녀의 아름다운 사랑'이라는 주제를 상징해 주는 글의 얼굴이 되는 것입니다.

〈에너지와 우리의 미래〉라는 글도 생각해 볼 수 있습니다. 이 글의 주제는 '우리의 미래를 위해서 에너지를 절약해야 한다.'는 것입니다. 이 주제를 드러내기 위해서 이를 상징할 수 있는 제목을 사용한 것이죠.

주제는 읽는 사람에게 감동을 줄 수도 있고 강렬한 인상을 심어 주기도 합니다. 논설문의 특징은 시나 소설처럼 안으로 감추며 전달하는 것이 아니라 겉으로 드러내어 읽는 사람에게 직접 전달하는 것이기 때문에 주제 정하기는 더더욱 중요합니다.

논설문에서는 주제가 밖으로 드러나야 읽는 사람을 쉽게 설득시킬 수가 있기 때문입니다.

주제가 분명한 글은 설득력이 강합니다. 설득력이 강한 글은 상대방의 마음을 쉽게 끌어올 수가 있습니다.

논설문의 주제는 다음과 같은 사항을 갖추어야 합니다.

첫째, 객관적이어야 합니다

논설문은 개인적인 감상이나 생각으로 우겨서는 안 됩니다. 개인의 느낌이나 감상은 상대방을 마음을 전혀 움직일 수가 없기 때문입니다.

다음 예문의 주제를 파악해 보세요.

예 문

공부의 중요성

6학년 김정화

'학교란 무엇이고 어떤 의미를 갖는가'라는 질문을 수없이 하게 된다. 그 대답은 무엇일까.

학교란 사람이 살아가는 데 필요한 지식을 배우고 성숙한 인간을 만드는 곳이라고 할 수 있을 것이다.

실제로 어린이들은 학교에서 공부만 하는 것이 아니고 친구들과 놀기도 하고, 여러 가지 운동도 한다. 선생님들도 어린이들에게 공부만 가르치는 것이 아니라 친구들과 재미있게 놀면서 작은 세상을 배우도록 인도하는 것이다.

그럼에도 학교는 공부를 하는 곳이라는 생각을 우선 하게 된다. 그만큼 공부가 중요하기 때문이다.

그렇다면 어린이들에게 공부가 중요한 이유는 무엇일까.

첫째, 공부는 사회 생활을 위해 필요하다.

어린이들은 어른이 되기 위하여 여러 과정을 거친다. 그것은 곧 사회에 잘 적응하는 과정을 거친다는 의미이다. 사회에 잘 적응하기 위해서는 기본적인 지식들이 많이 필요하다.

예를 들어 시장에서 물건을 사고 팔 때는 셈을 잘 해야 하고, 신문이나 어려운 책을 읽기 위해서는 한문이나 영어 단어도 잘 알고 있어야 한다.

그러기 위해서 어린이는 학교를 다니는 동안 공부를 게을리하지 말아야 한다.

둘째, 자신이 하고 싶은 일을 하면서 동시에 그 분야의 최고가 되기 위해서도 공부는 필요하다.

2. 논설문의 주제는 어떻게 정해야 할까요? • 19

어린이는 미래의 꿈나무이다. 미래 사회는 어린이가 주인공인 것이다. 당당한 미래의 주인공이 되기 위해서 어린이는 자신이 하고 싶은 일을 할 수 있는 기틀을 마련해야 하고 또한 종사하는 분야에서 인정받을 수 있는 인간으로 성숙할 수 있어야 한다. 이를 위해서 역시 공부는 꼭 필요한 것이다.

셋째, 공부가 중요한 이유는 그것이 어린이의 임무이기 때문이다.

사람들에게는 모두 자신이 해야 할 임무가 있다. 선생님은 학생들을 가르쳐야 하고, 부모님은 자식들을 키워야 한다. 의사는 환자를 고쳐야 하고, 농민은 열매를 맺어야 한다. 그처럼 학생인 어린이도 공부를 하여야 하는 것이다. 어린이가 공부를 소홀히 하는 것은 부모님이 자식을 내팽개치는 것과 같다. 학생은 뭐니뭐니해도 공부에 전념해야 하는 것이다.

그렇기 때문에 어린이들은 학교 생활에 충실해서 미래를 설계하는 데 최선을 다해야 할 것이다.

예문

사이좋게 지내자

　우리가 함께 살기 위해서는 서로 사이좋게 지내는 것이 중요합니다. 매일 만나는 사람들끼리 사이좋게 지내지 않는다면 어떤 일이 생길까요? 아마 우리는 서로 잘 만나려고 하지 않을 것입니다. 그렇게 되면 친구도 없어지고, 어려운 일이 있어도 서로 도와 주지 않게 될 것입니다.

　그러면 함께 살면서 사이좋게 지내려면 어떻게 해야 할까요?

　첫째, 서로 도와야 합니다.

　서로 돕지 않으면 모두가 피해를 입게 됩니다. 악어와 악어새 이야기를 알고 있나요? 악어새는 악어의 이빨에 끼인 음식 찌꺼기를 청소해 줍니다. 악어는 자기가 먹다 남은 음식 찌꺼기를 악어새가 먹을 수 있도록 해 줍니다. 만일 악어가 악어새에게 먹을 것을 주기 싫어서 입을 다물어 버린다면 어떤 일이 일어날까요? 악어새는 먹이를 찾아 이리저리 헤매야만 할 것입니다. 그렇지만 악어도 입 안에 남은 찌꺼기 때문에 이빨이 썩고 말 것입니다.

사람도 마찬가지입니다. 서로 도움을 주지 않는다면 곧 불편을 겪게 됩니다. 그러므로 우리는 서로 돕고 살아야 합니다.

둘째, 서로 양보해야 합니다.

모두가 자기에게 편리하거나 이익이 되는 것만 생각한다면, 우리 사회는 어떻게 될까요? 외나무다리에서 만난 염소 이야기를 생각해 봅시다. 서로 자기 고집만 내세우던 염소 두 마리는 결국 어떻게 되었습니까?

양보하는 것은 손해 보는 일이 아닙니다. 양보를 하면 처음에는 손해를 보는 것 같지만, 결국에는 일이 더 잘 되는 것을 깨달을 수 있을 것입니다. 왜냐 하면, 한 사람 한 사람의 양보가 모이면 모든 사람이 서로 양보하는 사회가 되어 다투는 일이 없어질 것이기 때문입니

다.

그러므로 우리는 자기에게 이익이 되는 것만 중요하게 생각하거나 자기 의견만 내세우지 말고, 서로 양보하도록 해야 하겠습니다.

셋째, 말을 부드럽게 해야 합니다.

말은 생각을 전달해 주지만 기쁨, 슬픔, 노여움, 즐거움 같은 감정도 전달해 줍니다. 부드러운 말은 듣는 사람을 즐겁게 합니다. 그러나 퉁명스러운 말은 듣는 사람의 마음을 언짢게 합니다. 더구나 욕설이나 거친 말들은 듣는 사람의 감정을 몹시 상하게 합니다.

말은 그 사람의 인격을 그대로 드러냅니다. 말씨를 보면 그 사람의 됨됨이를 금방 알 수 있습니다. 그러므로 우리는 말을 부드럽게 해야 하겠습니다.

넷째, 서로 의견을 존중해 주어야 합니다.

우리는 다른 사람과 서로 의견이 다를 때, 자기도 모르는 사이에 자기 생각을 강요하는 경우가 있습니다. 자기 생각만을 고집하다 보면, 상대방의 의견을 무시하여 기분을 상하게 하거나 마음에 상처를 입힐 수도 있습니다.

그러므로 우리는 다소 의견이 다르더라도 상대방의 말을 끝까지 들어 주어야 합니다. 이야기를 다 듣고 난 뒤에 생각이 서로 다를 때에는 이유를 들어가면서 자기 생각을 자세히 말합니다. 그런 다음에 서로의 의견을 비교하여 더 나은 것을 택합니다. 그렇게 해야만 여러 사람의 의견이 고루 담긴 좋은 의견을 고를 수 있기 때문입니다.

지금까지 우리는 서로 사이좋게 지내려면 어떻게 해야 하는지에 대하여 생각해 보았습니다. 우리는 서로 돕고 양보하는 마음을 가져야 하겠습니다. 그리고 상대방에게 부드러운 말을 쓰고, 다른 사람의 의견을 존중해 주어야 하겠습니다. 이렇게 하면 우리들 사이는 더욱 다정해질 것이고, 매일매일의 생활도 즐거울 것입니다.

위의 글은 아직 많은 것을 배워야 할 어린이에게 좋은 공부 습관, 원만한 인간 관계를 위해서 무엇이 중요한 것인가를 잘 증명해 보인 글들입니다. 어린이들은 그런 좋은 글들을 읽음으로써 자신과 사회의 미래를 위해서 열심히 학교 생활에 전념할 수 있을 것입니다.

다음의 예문들은 학원의 중요성과 바른 말을 사용해야 하는 목적에 대해 역설한 논설문입니다.

예문

학원은 필요하다

6학년 용선영

학원은 학생들을 위해서 만들어진 것이다. 우리들은 학년이 높아갈수록 학원의 필요성에 대해 실감하게 된다.

그럼 지금부터 학원이 소중한 이유를 열거해 보도록

2. 논설문의 주제는 어떻게 정해야 할까요?

하겠다.

첫째, 학생의 할 일은 공부이다. 하지만 학교 공부란 많은 학생들을 앞에 두고 하는 공통 수업이기 때문에 개개인의 특성을 살릴 수 있는 기회가 없다. 어린이는 학원을 다님으로써 자신의 개성을 살릴 수 있는 기회를 얻게 된다.

둘째, 학원은 폭넓은 교제를 할 수 있는 기회를 준다. 학교에서는 주로 같은 반 친구들하고만 만나게 된다. 하지만 학원은 그렇지 않다. 다른 학교, 다른 반의 친구들을 폭넓게 만날 수 있게 해 준다.

셋째, 학원은 끈기를 가르치고 노력한 대가를 느끼게 해 준다. 모두 같은 공부만을 할 수 있는 학교에 비해 독창적인 공부를 할 수 있기 때문에 끈기를 갖고 수업을 하게 된다. 또한 그 끈기가 이룬 노력의 결실을 맛보게 해 주기도 한다.

넷째, 학원은 우리가 나아갈 방향을 제시해 주기도 한다. 우리는 학교에서 배운 공부만으로는 자신의 능력을 판가름할 수가 없다. 인내, 노력, 지혜를 최대한 발

위해 자신의 장단점을 판단할 수 있게 해 주는 것이다.

지금까지 학원이 어린이에게 미치는 영향에 대해 알아보았다. 어린이에게 꼭 필요한 학원이 되려면 무분별하게 아무 학원이나 다니는 것보다 자신의 적성을 개발할 수 있는 학원을 선택해야 할 것이다.

예문

바른 말을 사용하자

　우리는 참으로 많은 생각을 하고, 많은 말과 글을 사용하며 산다. 그 중에서 가장 많이 사용되는 것은 말이다. 혼자서 공부할 때만 빼 놓고 거의 많은 말을 하고 있다고 할 수 있는 것이다.

　특히 자라나는 어린이들은 어른에 비해 말을 더 많이 하며 살아간다. 엄마, 아빠를 배운 뒤부터 잠자는 시간을 빼 놓고는 참으로 많은 말을 하는 것이다.

　어린이들이 처음 배우는 말은 절대 상스럽거나 불량스러운 말이 아니다. 그러나 점차 자라면서 상스럽고 국적이 불분명한 외국어를 사용하고, 언뜻 이해하기 어려운 유행어를 배우게 되는 것이다.

　말은 그 사람의 인격이라 할 수 있다. 첫인상이 중요하다는 말 속에는 그 사람의 행동은 물론이고 말을 할 때의 버릇까지 봐야 한다는 내용이 들어 있다.

그렇기 때문에 우리는 언제나 바른 말, 고운 말을 사용해야 하는 것이다.

바른 말을 사용하기 위한 방법과 우리가 지켜야 할 태도를 알아보도록 하겠다.

첫째, 욕이 섞인 상스러운 말을 하지 말아야 한다.

우리는 무의식중에 상스러운 말을 자주 입에 올리게 된다. 무심결에 "재수없어" "밥맛이야" 하는 말을 내뱉고는 한다. 하지만 그런 불량스러운 말을 자주 사용하다 보면 자신도 모르는 사이에 모난 행동을 하게 된다. 사람들을 의심하고 세상을 삐딱하게 보면서 매사에 불만을 터뜨리게 마련이다. 그렇기 때문에 어려서부터 고운 말 쓰는 버릇을 길러야 한다.

둘째, 유행어 사용을 줄여야 한다. 특히 어린이들은 텔레비전이라는 매체에 많이 노출되어 있다. 그렇기 때문에 텔레비전에 등장하는 탤런트나 코미디언의 흉내를 자주 낸다.

"나 이뻐?"

"너나 잘 해."

"너는 대단해. 대가리가 단단하다는 뜻이야."

그렇게 남발되는 유행어들을 보면 어린이들이 얼마나 많은 유행어에 노출되어 있는지를 알 수 있게 된다. 그런 유행어는 사용하기 재미있을지 모르지만 듣는 사람에게는 혐오감을 주게 된다. 그렇기 때문에 유행어 사용을 자제해야 한다.

셋째, 국적 불명의 외국어를 사용하지 말아야 한다. 컴퓨터를 컴퓨럴, 토마토를 토마토우, 커피를 커어피, 하는 식으로 잘 알아들을 수 없는 외국어를 많이 듣게 된다. 또한 길거리를 가다 보면 프랑스어, 일본어, 영어, 중국어 등 참으로 많은 외국어를 듣게 된다.

생활 용품에도 많은 외국어가 사용되고 있다. 심지어는 스포츠 경기에도 외국어를 사용하지 않으면 무슨 뜻인지 알아 들을 수가 없을 정도로 우리는 많은 외국어에 물들어 있는 것이다.

지금의 상황에서 외국어 사용을 막을 수는 없지만 얼마든지 우리말로 할 수 있는 대화나 상표, 간판 등은

고쳐서 우리말의 소중함을 일깨우도록 노력해야 할 것이다.

넷째, 자신의 행동에 신경을 써야 할 것이다. 말이 그 사람의 인격을 나타내 주는 것과 마찬가지로 행동도 그 사람의 인격을 나타낸다. 아무리 바른 말을 한다 해도 행동이 거칠거나 남에게 불쾌감을 주는 행동을 한다면 안 될 것이다. 품위 없는 말이 그 사람을 상스럽게 하는 것처럼 제멋대로 해 보이는 행동 또한 그 사람의 품격을 떨어뜨린다. 품위 있는 행동을 하게 되면 말 또한 조심하게 된다.

다섯째, 바른 말 사용에 우리 모두 노력해야 할 것이다. 무슨 일이든 스스로 해야 더 많은 결과를 얻을 수 있다. 남이 시키기 때문에 억지로 하는 행동은 결코 좋은 결과를 얻어 낼 수 없다. 그렇기 때문에 우리 모두가 앞장서서 바른 말 사용을 해야 한다. 평소에 아무렇지 않게 사용하는 외국어, 상스러운 말 등이 없는가 살펴서 바른 말 사용에 노력을 해야 할 것이다.

지금까지 바른 말 사용을 위한 실천 방법을 알아보았

다. 입으로는 좋은 말, 바른 행동을 하자고 외치지만 몸소 실천하는 정신은 부족하다. 우리는 평상시에 상스러운 말이나 외국어 사용 등을 줄이고 말과 행동을 조심하는 자세를 길러야 할 것이다.

'오는 말이 고우면 가는 말도 곱다', '한 마디 말로 천냥 빚을 갚는다', '아무리 버리는 말이라도 함부로 내뱉어서는 안 된다' 하는 말들처럼 말은 하는 사람은 물론이고 듣는 사람에게도 매운 중요한 역할을 하는 것이다.

우리 모두가 바른 말을 사용할 때 우리 사회는 좀더 밝아질 것이고 미래 또한 희망이 많아질 것이다.

둘째, 범위를 좁게 잡아야 합니다

　논설문 주제의 범위는 가능하면 좁게 잡아야 합니다. 또한 이 말은 주제가 한 가지만 있어야 된다는 뜻도 됩니다. 주제의 범위가 넓어지거나 많아지면 설득력이 약해집니다.
　논설문의 생명은 설득력입니다. 만약 그 설득력이 약하다면 읽는 사람의 마음을 끌어올 수가 없을 것입니다.
　주제를 넓게 정할 경우 글이 산만해져서 글쓴 사람의 주장이 뚜렷하게 나타나지 않을 수가 있습니다.
　예를 들어 '부모님께 효도하자.' 라는 주제의 논설문이 있을 수 있습니다. 하지만 부모님께 효도한다는 것은 너무도 막연합니다. 공부를 잘 해서 부모님을 기쁘게 해 드릴 수도 있고, 제 할 일을 스스로 해결하여 효도할 수도 있기 때문입니다.
　다음 예문을 읽으면서, 지은이가 말하고자 하는 한 가지 주제를 잡아 보세요.

예문

문화재 보호

5학년 김재철

문화재란 우리 조상들이 남긴 것 중에서 오늘날 우리 민족이 잘 보존하여 후대에까지 남길 만한 것들을 말한다. 즉 문화재란 민족의 역사와 같은 것이다.

그러나 우리는 우리의 역사인 문화재에 너무 무관심하다. 무너지고 망가진 문화재가 많음에도 어떤 조치도 하지 않는 상황이다.

또한 사람들은 전통 문화재의 소중함을 깨닫지 못하는 경우가 많다.

얼마 전에 수원성에 간 적이 있었다. 성곽 여기저기가 더러 망가져 있었는데도 그대로 방치되어 있었다.

그렇다면 문화재를 보호할 수 있는 방법은 무엇일까.

우선 박물관을 지어 원래 있던 문화재를 보호해 주어야 한다. 한 번 망가지거나 훼손된 문화재는 다시 복원

하기 힘들기 때문에 최대한 원래 모습을 유지해 주어야 한다.

　새로운 문화재 발굴에도 힘써야 한다. 아직도 발굴되지 않은 문화재가 많이 있다. 문화재는 한 나라의 산 역사이므로 우리의 역사를 제대로 알고 이해하기 위해서는 아직 발견되지 않은 문화재에 많은 관심을 가져야 한다.

　또한 무엇보다 우리 문화에 대한 자긍심과 소중히 다루려 하는 마음이 필요하다. 아무리 대단한 문화재를 가지고 있다 해도 그것에 대한 소중함을 모른다면 아무 의미가 없는 것이다. 우리에겐 자랑스런 우리의 문화재가 있다. 자랑스럽게 여겨야 할 것이다.

　문화재는 우리 조상들이 살아간 흔적으로, 우리에게는 그것을 보존하여 후대에게 물려 줄 의무가 있다. 우리 민족의 얼과 숨결이 담겨 있는 문화재에 대한 관심은 지금부터 필요한 것이 아닐까.

예문

북한의 굶주림이 과연 남한 탓인가?

6학년 정상규

요즘에 텔레비전을 보면 북한이 식량난으로 고생하고 있다고 보도하곤 한다.

그런데 북한의 식량난이 과연 남한 탓일까?

물론 적극적으로 도와 주지 못하는 남한의 탓도 있지만, 대부분의 이유는 북한 때문이라고 생각한다.

북한은 주민들을 생각하지 않고 국방에만 신경을 쓰고 있다. 당연히 주민들은 배고픔에 시달릴 수밖에 없다.

북한은 김일성 사망 후 많은 돈을 들여 무덤을 치장했다. 만약 그 돈을 북한 주민들 식량 조달금으로 썼다면 많은 사람들이 혜택을 받았을 것이다.

하지만 남한도 잘못이 없는 것은 아니다. 언젠가 북

한 주민을 돕기 위한 모금함이 길거리에 놓여 있었다. 들여다보니 동전 몇 개가 전부였다. 대부분의 사람들은 그 모금함을 의식도 하지 않고 지나치는 형편이었다. 그렇듯 국가적인 지원 외에 개인적인 지원은 거의 없다고 해도 과언이 아닐 것이다.

또한 사람들은 북한에 식량 지원을 해 줬을 때 당할지도 모를 피해를 먼저 생각하기도 한다. 우리가 건네 준 식량을 군량미로 쓰게 된다면 오히려 그 피해는 남한 사람이 받게 될 것이라는 생각을 하는 것이다.

하지만 남한에서는 어떤 상황이든 식량을 무기로 삼아서는 안 된다고 생각한다. 아무리 북한에 무기가 많다고 해도 전쟁이란 힘만으로 되는 것이 아니다.

그렇다면 우리 남한은 같은 동족으로서 북한이 기아 상태에서 벗어날 수 있도록 최대한 노력을 해야 할 것이다. 남한의 무관심이 북한 어린이들을 굶주림과 죽음으로 몰고 간다면 그것 또한 결코 바람직한 행동이 아니기 때문이다.

우리는 이제부터라도 북한에 식량 지원을 아끼지 말아야 한다. 그래서 남북한의 관계를 원만하게 이끌어 갈 수 있는 계기를 만들어야 한다.

그렇게 된다면 통일은 얼마든지 앞당길 수 있을 것이다. (……,)

앞의 예문 〈문화재 보호〉는 일관된 주제를 갖고 있습니다. 주제의 범위도 그리 넓지 않아서 읽는 이에게 설득력을 줍니다.

하지만 그 다음 예문은 주제를 종잡을 수가 없습니다. 북한의 식량난은 대부분 북한 탓이라고 시작했지만, 마지막에 가서는 남·북한 모두의 잘못이라고 결론 내리고 있어 글쓴이가 정말 말하고자 하는 바를 알 수 없습니다.

또한 북한의 식량난을 도와 주어야 한다는 주장도 북한에 대한 비판이 너무 강하므로, 설득력을 갖지 못하고 논설문으로서의 가치를 잃고 말았습니다.

셋째, 잘 알고 있는 내용을 주제로 삼아야 합니다

논설문은 객관적인 사실을 가장 설득력 있게 써야 하기 때문에 자기가 잘 알고 있는 내용을 주제로 삼아야 합니다.

그렇지 못한 내용을 주제로 삼았을 때는 자신의 생각을 강하게 전달할 수가 없습니다.

만약 어떤 어린이가 '나의 철학'이라는 어려운 주제를 쓰려 한다면, 좋은 글이 나올 수 없을 것입니다.

대신 '자연이 우리에게 주는 영향', '저축을 해야 하는 이유', '독서의 필요성' 등 잘 알고 있는 주제로 글을 쓰려 한다면 좋은 글이 나올 수 있을 것입니다. 이미 자연, 저축, 독서에 대한 중요성을 알고 있기 때문입니다.

논설문은 주제를 어떤 방향으로 끌고 갔는지에 따라서 내용이 달라질 수 있습니다. 그래서 논설문을 쓸 때는 자신이 알고 있는 내용을 주제로 삼는 것이 가장 좋은 방법입니다.

다음 두 가지 예문을 비교해 보세요.

예문

독서의 올바른 태도

4학년 김혜솔

책은 우리에게 지식과 지혜를 줍니다. 하지만 우리들은 책을 잘 읽지 않습니다. 대신에 텔레비전이나 컴퓨터 오락에 열중합니다.

하지만 책은 텔레비전이나 컴퓨터가 줄 수 없는 많은

것들을 줍니다.

책을 통해 우리는 여러 가지 삶을 간접 경험할 수 있고 지혜를 터득하는 힘, 생각하는 힘, 문장력 등을 기를 수도 있기 때문입니다.

독서를 잘 하기 위해서는 올바른 독서 태도를 가져야 합니다. 올바른 독서 태도는 다음과 같습니다.

첫째, 습관적으로 독서를 해야 합니다. 독서를 시간이 날 때, 바쁘지 않을 때, 졸리지 않을 때 하겠다는 생각을 버리고 매일 밥을 먹듯이 하겠다는 다짐을 하여야 합니다. 독서하는 습관이 몸에 배이게 해야 합니다.

둘째, 책을 사는 돈을 아까워하지 말아야 합니다. 우리들은 흔히 먹고 입는 일에는 돈을 아끼지 않으면서 책을 살 때는 인색합니다. 그러나 책은 먹고 입는 것 못지 않게 가치 있습니다. 특히 자라나는 어린이에게는 더욱 그러합니다.

마지막으로 독후감을 쓰는 습관을 길러야 합니다. 독후감을 써 두면 책을 읽었을 때의 감동을 오래 간직할 수 있고, 생각이나 문장을 정리하는 힘도 길러집니다. (…….)

예문

북한의 식량난

6학년 유하나

　지금 북한은 엄청난 식량난을 겪고 있다. 특히 4월과 5월의 식량난은 아프리카의 르완다보다 더욱 심하다. 텔레비전이나 신문의 뉴스를 보면 배고픔에 지쳐 눈만 커다랗게 뜨고 힘없이 누워 있는 북한 어린이들을 많이 보게 된다.

　앞으로 북한은 어떻게 변할 것인가. 과연 붕괴될 것인가.

　북한은 단시일 내에 붕괴될 가능성이 많다. 인간이 살 수 있는 최소한의 조건은 의식주이다. 이 중 하나라도 결핍되면 인간다운 삶은 불가능해진다. 현재 북한 주민들의 삶이 그렇다. 아무리 북한 주민들이 절대적인 빈곤에 익숙해져 있더라도 그런 빈곤이 지속된다면 인간의 동물적인 삶마저 불가능해진다.

민족의 통일은 우리가 현재 가지고 있는 가장 큰 숙제이다. 그러나 단순히 통일만 한다고 그 숙제가 해결되는 것은 아니다. 통일이 된 후의 경제적·정치적 안정이 보장되어야 한다. 그러기 위해 우선 북한에게 경제적 원조를 해 주어야 한다. 만약 북한이 경제적으로 빈곤하여 붕괴되고, 그것이 통일로 이어진다면, 정말로 큰 어려움이 생길 것이다.

　　독일이 통일되기 전, 서독은 경제 대국이었다. 그러나 통일이 된 후, 지금은 경제적으로 상당히 어려워졌다. 우리 나라의 경우는 이보다 더욱 심하다. 또한 남한도 외채 문제라는 경제적 문제를 안고 있다. 이런 시점에서 경제 발전은 통일이 되기 위한 필수적 조건인 것이다.

　　북한이 붕괴된다면 통일 후의 어려움은 불가피하다. 이 어려움을 해결하려면 많은 시간이 걸릴 것이다. (……)

앞의 예문 〈독서의 올바른 태도〉는 그리 어렵지 않은 주제를 다루고 있어 논리적으로 주장을 펴고 있습니다.

하지만 뒤의 예문 〈북한의 식량난〉은 경제, 통일 등 다소 어려운 문제를 다루고 있을 뿐만 아니라 글쓴이가 이런 글감들을 잘 이해하지 못하고 있어 글의 주제를 파악하기 힘듭니다. '북한을 도와 주어야 한다.'라고 주장하는 것인지, '통일을 위해 경제력을 키워야 한다.'라고 주장하려는 것인지 이해할 수 없습니다.

넷째, 평범한 주제보다는 특이한 주제를 선택합니다

주제는 평범한 것보다 좀 특이한 것으로 정하는 것이 좋습니다. 그래야 읽는 사람의 관심을 끌 수가 있습니다.

누구나 다 알고 있는 문제를 주제로 다룬다면 설득력이 떨어집니다.

좋은 논설문은 남이 생각해 내지 못한 새로운 주장이나 의견을 내세울 때 형성됩니다. 그렇다고 억지스러운 주제를 내세워 주장을 해서는 안 됩니다. '머리 회전을 위해서 오락에 열중하자.'라는 식의 주장은 오히려 어색하여 설득력이 없어집니다. 주제를 특이하게 잡되 이치에 맞아야 하는 것입니다.

다음 예문은 이를 잘 보여 줍니다. 단지 책읽기의 중요성을 주장한 것이 아니라, 책을 읽음으로써 나만의 개성을 키울 수 있다는 주장이 특이합니다.

예문

책읽기에 대해

6학년 최성재

책이란 인간이 자신의 감정이나 생각을 글로 표현한 것이다. 책은 인간의 마음을 부유하게 만들어 주고, 깊은 생각을 가지게 한다. 그렇기에 책은 우리의 삶과 뗄 수 없는 존재가 되었다.

그 옛날 언어가 탄생하면서부터 글은 존재하기 시작했다. 돌이나 바닥에다 언어를 새기면서 사람들은 자신들의 생각이나 뜻을 남기려 했던 것이고, 이는 종이의 발견과 함께 급속도로 발전했다.

그렇다면 책은 이 사회에 무슨 영향을 줄 수 있을까.

우리는 정보화 시대에 살고 있다. 컴퓨터가 많은 자리를 차지하고, 텔레비전의 위력 또한 대단하다. 그만큼 책의 자리가 많이 줄어들었다.

그 결과 사람들의 의식은 기계화가 되어 이기적으로 변하여 갔다. 아무 의미도 없는 많은 범죄들이 일어나고, 어두운 현실만을 비관하여 자살하는 사례도 빈번해졌다.

책은 정신의 자양분이다. 책은 언어만으로 된 것이 아니라 생각과 느낌이 조화를 이루어 형성된 것이다. 그러므로 책은 나 자신뿐만 아니라 다른 존재를 생각하게 도와 준다.

또한 책을 통해 우리는 무엇이 옳고 그른지 판단할 수 있다. 책을 읽음으로써 도덕을 배우고 삶의 지혜를 깨닫는 것이다.

인간이 살아가면서 겪게 되는 경험의 세계는 극히 제한적이다. 물론 조금씩의 차이는 있을 테지만 직접 경

험을 할 수 있는 경우는 그러지 못한 경우보다 훨씬 적은 편이다. 그렇기 때문에 우리는 독서를 통하여 다양한 삶의 모습을 보고, 참다운 진리를 깨닫게 되는 것이다.

 역사책을 읽으면 인류의 탄생과 그 시대마다의 특성이며 환경, 풍습을 알 수 있고, 위인전을 읽으면 시대와 공간을 뛰어넘어 그 시대의 위인을 만날 수 있는 것이다.

 또한 동화나 소설을 읽음으로써 무한한 상상력을 발휘할 수 있고 내가 그 내용의 주인공이 되어서 또 다른 경험을 할 수 있는 것이다.

 우리는 책을 생활의 한 부분으로 만들어야 할 것이다. 그러려면 우선 어렸을 때부터 책을 읽는 습관을 기르고, 어디서나 책을 읽도록 노력해야 한다.

 또한 좋은 책이 많이 나와야 한다. 그저 젊었을 때만 읽는 책이 아니라 어려서부터 늙을 때까지 읽을 수 있는 책이 많아진다면 책을 가까이 하고 싶은 마음도 생겨날 것이다.

 바쁘고 힘들다는 이유로 책을 안 읽는다는 것은 자신에게는 엄청난 손해이며 동시에 사회에도 안 좋은 영향을 미친다. 우리가 책을 놓는 순간, 이 세계는 꿈조차 없는 어두운 세계가 될 것이다.

 책을 우리 생활의 한 부분으로 만들 때, 그리고 좋은 책이 많아질 때 우리 자신과 이 세상은 아름답게 변화될 것이다.

예문

빛나는 조상의 얼

　나라마다 각기 다른 역사와 전통 문화를 가지고 있다. 그 나라 혹은 그 민족이 우수한지 않은지를 판가름하는 요소로 위에서 말한 두 가지를 들어도 크게 어긋나지는 않을 것이다.

　우리 민족은 오랜 역사를 지니고 있다. 우리의 역사는 독특한 전통 문화를 창조해 온 역사이다. 우리가 자랑하는 역사와 전통 문화는 우리 선조들이 피와 땀으로 이룩하고 가꾸며 지켜 온 것이다. 그러므로 우리는 조상들이 물려 준 역사와 전통 문화에 대하여 긍지를 지녀야 한다.

　그럼에도 불구하고 오늘의 우리 현실을 살펴보면 매우 안타깝다. 서구의 사상과 물질 문명을 아무런 비판 없이 받아들인 결과, 우리의 독특한 전통 문화와 그 속에 배어 있는 조상의 얼을 가볍게 생각하거나 아예 모르고 사는 국민이 많기 때문이다.

오늘날, 우리가 누리고 있는 물질적 풍요도 그것을 지탱해 줄 정신적 뒷받침이 없다면, 오히려 우리 민족에게 재앙이 될 수 있다. 그러므로 우리는 빛나는 문화를 창조한 조상들에게서 가르침을 받고, 그 정신을 계승해야 할 것이다.

그러면 우리가 가슴 속에 깊이 새겨야 할 조상들의 가르침은 무엇일까?

첫째로, 자주 정신을 들 수 있다. 자주 정신은 남의 힘에 의지하지 않고 스스로를 지키려는 마음가짐이다. 이 정신은 우리 역사 속에 살아 숨쉬면서, 나라가 어려움을 당할 때마다 그 힘을 발휘했다. 수나라와 당나라를 무찌른 고구려의 힘, 몽고에 항거한 고려의 끈기, 한말의 의병 운동과 일제 강점기의 광복 운동이 바로 이 정신에서 비롯되었다.

둘째로, 충효 정신을 들 수 있다. 우리 조상들은 충효를 가장 중요한 생활 규범으로 삼아 왔다. 자기가 있는 것은 자기를 낳아 주신 부모님, 부모님을 낳아 주신 조상이 있기 때문이라 생각했다. 그리고 부모님과 조상이 삶을 누릴 수 있게 한 나라가 있기 때문이라 생각했다. 그러므로 자기를 낳아 길러 주신 부모님께 효도하고 나라에 충성하는 것이 인간의 참된 도리라는 확고한 신념을 가지게 되었다. 헤아릴 수 없이 많은 효자와 효녀, 그리고 충신 이야기가 그것을 증명하고 있지 아니한가?

셋째로, 선비 정신을 들 수 있다. 선비 정신은 물질보다는 정신, 이득보다는 명분을 중시하는 깨끗하고 맑은 정신이다. 눈앞에 보이는 자신의 이익을 버리고, 보다 더 높은 이상을 향해 노력하는 정신이다. 비록 목숨이 위태로울지라도 옳은 것은 옳고 그른 것은 그르다고 말하는, 곧고 바른 정신이 바로 선비 정신이다. 황희 정승의 청빈함과 사육신의 강직함을 통해 우리는 선비 정신을 엿볼 수 있다.

넷째로, 창조 정신을 꼽을 수 있다. 우리 조상들은 세계 어느 민족에게도 뒤지지 않는 찬란한 문화를 이룩

 하였다. 동양에서 가장 오래 된 천문대인 첨성대, 세계 최초로 만든 금속 활자, 고려 청자와 팔만 대장경 등은 조상들의 창조 정신이 낳은 유산이다. 더욱이 세종대왕이 창제한 훈민정음은 창조 정신의 극치라 할 수 있다.

 그뿐만 아니라, 우리 조상들은 예술을 발전시키는 데에도 온갖 노력을 기울였다. 아악, 시조, 판소리 등의 전통 음악과 빼어난 그림과 글씨를 통해, 우리는 조상들의 지칠 줄 모르는 창조 정신을 대할 수 있다.

 이처럼 우리들이 긍지를 느끼는 역사와 전통 문화는 자주 정신, 충효 정신, 선비 정신, 창조 정신이 빚어 낸 결과라 할 수 있다. 따라서 우리는 조상들의 이런 빛나는 정신을 바르게 이어받고 더욱 꽃피워야 함은 물론, 후손에게 물려 주어야 할 책임을 지고 있다.

 우리들이 흔히 범하기 쉬운 큰 잘못은, 국제화 시대에 발맞추기 위해서는 낡은 것은 무조건 버려야 한다고 생각하는 일이다. 교통과 통신의 발달로 세계가 한 이웃이 된 시대에 네 것 내 것을 가리는 것은 고리타분한 일이라는 주장이다.

 그러나 이러한 주장은 잘못된 것이다. 아무리 물질 문명이 발달하고 국제화의 시대가 열린다 해도, 우리는 우리 전통 문화의 특성을 외면해서는 안 된다. 오히려 우리의 것을 더욱 발전시키고 꽃피워야 한다. 그 길만이 우리 민족의 우수성을 세계에 자랑할 수 있는 길이고, 조상들의 빛나는 얼을 바르게 계승하는 길이기 때문이다.

다섯째, 글쓴이의 신분을 드러내지 말아야 합니다

논설문은 개인의 경험을 바탕으로 쓴 느낌 위주의 글이 아닙니다. 그러므로 글쓴이의 신분을 밝힐 필요가 없는 것입니다. 만약 어린이 여러분이 논설문을 쓸 때, 어린이로서의 신분을 밝힌다면 읽는 사람을 설득하는 데 장애가 될 것입니다. 읽는 사람은 꼭 어린이가 아닐 수도 있기 때문입니다.

다음 예문을 보세요.

예문

말의 바른 사용

5학년 황보혜

요즘 어린이들은 외래어나 욕을 많이 사용한다. 또 발음을 이상하게 하는 어린이들도 많다.

하지만 이런 언어 사용은 우리의 국어를 황폐하게 만

드는 주요 원인이다.

이러한 부적절한 언어 사용을 막기 위하여 다음과 같은 사항을 지켜 나가야 한다.

첫째, 외래어는 쓰지 말아야 한다.

일상 생활에서 '텔레비전'이나 '버스' 등의 외래어는 어쩔 수 없지만 '콘서트'나 '박스' 등의 말은 '연주회'나 '상자' 등으로 고쳐 써야 한다. 우리말은 이해하기도 쉽고 표현하기도 쉬우므로 되도록 외래어는 쓰지 않는 것이 듣는 사람도 편하다.

둘째, 욕을 하지 말아야 한다.

말은 마음을 담고 있다. 어렸을 때부터 듣기 거북한 욕을 즐겨 사용하면 마음이 고울 수가 없다.

또한 말을 거칠게 하는 것도 고쳐야 한다. 부모님이나 어른들이 심부름을 시키실 때도, '네, 다녀오겠습니다.'라는 표현 대신 '가고 있잖아요.'라고 거칠게 말하면 듣는 사람의 마음이 편하지가 않다는 것은 당연하다.

셋째, 발음을 정확히 해야 한다.

2. 논설문의 주제는 어떻게 정해야 할까요?

'모래'를 '모레'로 발음한다든지 '외국'을 '웨국'으로 발음하는 것은 바람직한 언어 사용을 방해한다. 또한 발음이 정확해야 듣는 사람도 쉽게 알아들을 수가 있는 것이다.

이렇게 외래어를 쓰지 않고, 욕을 사용하지 않으며, 발음을 정확하게 한다면 우리의 언어 생활은 아름답게 변화될 수 있을 것이다.

또한 어렸을 때부터 바른 언어 생활을 하는 것은 어른이 된 후에도 많은 영향을 미치므로 더욱 신경을 써야 한다.

예문

오락실은 가지 말아야 한다

6학년 송민아

　오락실은 자주 가도 되는 곳일까? 아니면 가면 안 되는 곳일까?

　나는 초등 학생 때는 가지 않는 것이 좋다고 생각한다. 그 이유는 다음과 같다.

　첫째, 오락실에는 나쁜 중·고등 학생 언니, 오빠들이 많아서 사람들이 없는 곳으로 끌려가 폭행을 당하고 돈을 뺏길 가능성이 많다.

　둘째, 오락에 한번 빠져들면 그만두기 어렵다. 오락은 공부나 학원에 다니는 것보다 훨씬 재미있기 때문이다. 아무리 그만두고 싶더라도 공부가 하기 싫을 때나 심심할 땐 오락실이 자꾸 머릿속에 떠오르게 되는 것이다.

　셋째, 오락을 너무 많이 하게 되면 시력이 나빠진다.

> 그렇지 않아도 우리 주위에는 우리의 눈을 나쁘게 하는 요인이 많은데 거기다가 오락에까지 빠지면 눈은 더욱 나빠질 것이다.
>
> 　나도 저번에 오락실에 갔다가 봉변을 당한 적이 있다. 이상하게 생긴 언니 오빠들이 우리를 빙 둘러싸고 협박을 하며 돈을 달라는 것이었다. 그 뒤로 오락실 출입은 절대 하지 않는다.
>
> 　만약 꼭 가고 싶어 참을 수 없는 경우에는 부모님과 함께 가서 수준에 맞는 오락을 짧게 하고 집에 일찍 들어가는 것이 좋을 것이다. (…….)

　이 두 예문은 모두 어린이를 대상으로 쓴 논설문입니다. 그러나 앞의 예문은 글쓴이의 신분이 나타나지 않아 설득력을 갖지만, 뒤의 예문은 글쓴이가 어린이라는 것이 글 중간 중간에 나타나서 읽는 이의 마음을 움직이는 데 어려움이 많습니다.

　이처럼 논설문에서는 가급적 '나'를 밝혀서는 안 되는 것입니다.

2. 논설문의 주제는 어떻게 정해야 할까요? • 65

예문

친절한 사람

　우리가 만나는 사람 중에는 만나서 즐거운 사람도 있고, 그렇지 않은 사람도 있다. 만나서 즐거운 사람은 어떤 사람인가? 친절한 사람이다. 친절한 사람은, 다른 사람의 일에 관심을 가지고 함께 걱정하며 도우려고 애쓰는 사람이라 할 수 있다.

　친절한 사람은 다른 사람에게 용기와 희망을 준다. 길거리에서 나쁜 짓을 하며 놀기만 하던 한 소년이 어느 부인의 따뜻한 인사말을 듣고 훌륭한 사람이 되었다는 이야기를 들은 적이 있다. 친절한 마음에서 우러나온 한 마디의 인사말이, 소년의 마음 속에 나도 훌륭한 사람이 될 수 있다는 희망을 불어넣어 준 것이다.

　친절한 사람이 많을수록 그 사회는 밝아진다. 자기 자신만 생각하지 않고 다른 사람을 걱정해 주고 도우려

고 애쓰는 사람이 많으면 살기 좋은 곳이 될 것은 분명하다. 빗나가는 아이들도 줄어들고, 추위에 헐벗고 굶주리는 이웃도 줄어들 것이다. 한 마디로 말해, 친절한 사람은 소금과 같이 귀중하다.

친절한 사람과 그렇지 못한 사람이 처음부터 나누어져 있는 것은 아니다. 친절한 마음씨는 노력해서 키워 갈 수 있다. 친절한 마음은 나 아닌 다른 사람에게 관심을 가질 때에 생긴다. 관심을 가지고 바라보면 그 사람의 형편이나 어려움을 잘 알게 된다. 잘 알게 되었을 때에 친절한 마음이 싹튼다. 그리고 관심을 가지고 주위를 바라보면 다른 사람이 나에게 베풀어 주는 친절을 더욱 깊이 느낄 수 있다. 그렇게 되면, 나도 다른 사람에게 더 친절해질 것이다.

친절한 마음은 명랑한 사회 생활의 기본이며 문화 국민의 자랑이다. 우리 자신은 물론 함께 사는 이웃을 위하여 친절한 마음을 키우도록 노력해야 할 것이다.

3 자료 모으기와 정리하기는 어떻게 할까요?

　주제가 정해졌다면 그 주제를 강하게 나타낼 수 있는 자료가 있어야 합니다.

　자료가 없이 글을 쓴다면 내용을 정확하게 전달할 수가 없고 설득력 있는 글을 쓸 수도 없습니다.

　논설문은 자신의 감상을 쓰는 것이 아니라 어떤 사실을 두고 자신의 주장을 펼치는 것이기 때문에 더더욱 자료가 필요합니다.

　그렇다면 자료는 어떻게 모아야 하는지 살펴보기로 하겠

습니다.

첫째, 구체적이고 객관적인 자료를 선택합니다

논설문은 사실을 바탕으로 자신의 의견을 쓰는 글이기 때문에 상상이나 단순한 생각으로 모아진 자료는 가치가 없습니다.

'저축을 잘 하자.' 라는 논설문을 쓸 때 생활문이나 동시의 경우는 자신의 경험을 바탕으로 쓰면 되겠지만, 논설문은 아닙니다.

저축을 해야 하는 분명한 이유를 제시해 주고 읽는 사람으로 하여금 저축을 하지 않으면 안 되겠다는 결심이 서도록 해야 합니다. 저축을 하지 않았을 경우 나타나는 여러 가지 문제점들을 구체적으로 조목조목 예를 들어서 쓴다면 설득력이 커집니다.

그래서 자료를 모을 때 몇 가지의 사실을 간추린 것보다는 여러 가지를 종합해서 나온 자료가 좋습니다.

다음 예문이 이를 잘 보여 줍니다.

예문

스포츠의 상업화는 바람직한가?

6학년 최준환

스포츠는 원래 각 개인이 타인과의 공정한 시합을 벌임으로써 즐거움과 함께 자기 계발을 해 나가는 행위이다.

하지만 우리 나라의 스포츠 현실은 현재 지나치게 상업화가 되고 있다.

운동 선수들은 자신의 삶을 스포츠에 헌신하여 유명해지면 더 많은 돈을 요구한다. 또한 기업에서는 자기 회사의 상품을 홍보하기 위하여 운동 선수를 광고 모델로 사용하며, 스포츠 경기 도중에 관중들에게 자기 회사 제품을 선전하기도 한다.

이렇게 우리 나라의 스포츠 현실은 너무도 상업적으로 변하고 있다.

이런 스포츠의 상업화를 촉진시키는 요인에는 여러

가지가 있다.

우선 기업이 스포츠 선수를 이용해서 자기 회사의 제품을 홍보하는 경우이다.

예를 들어 국내 네 개 기업에서는 현재 메이저 리그에서 활약 중인 박찬호 선수를 기업의 광고 모델로 사용하고 있으며, 그렇게 해서 지불한 돈이 모두 22억이나 된다고 한다.

또 미국의 한 스포츠 기업은 박찬호 신발을 만들어 전 세계에 판매할 예정이라고 한다.

그뿐만이 아니다. 경기장 곳곳에는 기업의 상품을 소개하는 광고가 쉽게 눈에 들어오며, 경기장에서 나누어 주는 막대 풍선에조차 상품 광고가 새겨 있다. 선수들이 입는 운동복에도 제품 광고는 쉽게 찾을 수 있다.

방송도 예외는 아니다. 근래 들어 우리 나라의 방송국에서는 큰 경기가 있을 때마다 그 경기의 중계권을 따내기 위해 서로 경쟁하는 모습을 볼 수 있다.

또, 국가적으로도 국제적으로 큰 경기를 유치할 때마다 그로 인해 생기는 수입을 경기 자체보다 더 중시하

3. 자료 모으기와 정리하기는 어떻게 할까요?

는 경향이 있다.

이러한 이유로 우리 나라의 스포츠는 현재 빠른 속도로 상업화되고 있다. 이렇게 빠른 속도로 스포츠 상업화가 이루어짐에 따라 여러 가지 문제점이 발생하고 있는 것이다.

먼저 운동 선수들이 돈의 노예가 되고 있다. 예를 들어, 구단에서는 한 선수에게 지불한 몸값만큼 그 선수에게 무리한 요구를 하고, 또 무리한 요구를 받아들인 선수는 그 요구를 제대로 이루지 못했을 경우 죄책감을 느낄 수밖에 없다.

또한 몸값을 인상해 달라는 선수와 구단측의 의사가 엇갈려 그 팀 전체가 협동이 되지 않는 수도 많다.

경기장에서는 관중을 많이 끌기 위하여 관중들의 흥미를 유발시키는 광고를 하여, 관중들로 하여금 경기 자체보다 다른 것에 관심을 갖도록 유도하기도 한다.

이렇게 스포츠의 상업화 원인과, 이로 인하여 생기는 문제점을 살펴보았다. 이러한 문제점을 해결하기 위해서는 스포츠의 근본 정신을 살리고, 기업은 스포츠를 상품 홍보로 사용하지 말아야 한다. 또 구단과 선수들은 서로 협력하여 관중들에게 보다 훌륭한 경기를 보여 주기 위하여 노력해야겠다.

둘째, 독서, 관찰, 조사 등을 통해서 수집해야 합니다

논설문의 자료를 못 찾겠다고 말하는 어린이들이 있습니다. 논설문의 자료를 멀리서 찾으려 하기 때문에 그렇게 말하는 것입니다.

논설문의 자료는 백과 사전, 참고서, 신문 등에서 얼마든지 찾을 수 있습니다. 그렇게 모은 자료일수록 객관성이 있어서 좋습니다.

자료가 모아지면 그것을 정리해 글 쓸 준비를 해야 합니다. 그 자료가 잘 쓰일 수 있게 서론, 본론, 결론에 맞게 정리해 두는 것이 좋습니다.

이렇게 자료를 완벽하게 준비하면 조리 있는 주장을 펼 수 있고, 글의 짜임이 탄탄해서 읽는 사람을 쉽게 설득할 수 있습니다.

다음 예문은 많은 자료를 바탕으로 쓴 논설문입니다.

예문

영어 조기 교육은 필요한가

6학년 최준일

　요즘 우리는 신문이나 매스컴에서 영어 조기 교육이라는 기사를 자주 보게 된다.

　언제부터인지 영어 조기 교육에 대한 이야기를 매스컴에서 들먹이더니, 이제는 초등 학교에도 영어 교과서가 생긴다. 심지어 유치원에서까지 영어 교육에 힘쓴다는 단계까지 발전해 있다.

　요즘 부모들은 어릴 때부터 영어를 교육시키려고 애쓴다. 어릴 적부터 영어를 교육시켜야만 자녀들이 세계화 시대에 잘 적응할 수 있다고 믿기 때문이다.

　물론, 오늘의 세계화 시대에는 외국어가 필수적이다. 그러나 외국어를 모국어로 사용할 수는 없는 일이다. 외국어를 모국어로 사용한다는 것은 잘 맞지 않는 옷을 억지로 끼워 입으려는 것과 같다. 우리에겐 우리에게 맞는 우리의 말과 글이 있지 않은가.

언젠가 이런 만화를 본 적이 있다. 어떤 아이가 영어 학원을 다니더니 몇 주일 후부터는 엄마를 마더, 마더라고 부르는 것이다. 그러나 이 아이는 정작 국어 받아쓰기에서는 빵점을 맞는다는 내용이었다.

이 만화에서는 우리 나라의 영어 조기 교육에 대한 심각성을 나타내고 있다. 우리 나라 어린이들은 우리말은 더듬거리면서 영어를 배우고 있는 것이다. 아직 우리말에도 서툰 아이들에게 영어보다 절실한 것은 모국어가 아닐까.

그러나 언제부터인지 영어 조기 교육 때문에 국어의 중요성이 빛을 잃어 가고 있다. 모두들 세계화, 세계화 하면서 무조건 외국 것을 받아들이려 하지만 외국 문화에 맞추어 외국어만을 중시하는 것은 결코 세계화로 가는 지름길이 되지는 않을 것이다.

지금처럼 우리의 언어에 무관심하다면 언젠가는 모국어가 영어로 바뀌어 버릴 수 있다. 나라의 이름도 바뀌고, 한글과 한국이라는 나라도 사라져 버릴 수도 있다.

생각만 해도 얼마나 끔찍한 일인가. 한국이란 나라는 자취도 찾아볼 수 없게 되고 역사책 한 모퉁이에만 기록되어 버린다면....... 우리 나라가 다른 나라에 넘어가 버린다면....... 정말 끔찍한 일이다.

결과적으로 지금의 부모들이 자기 아이를 남보다 더 앞서 나가게 하고, 세계화에 잘 적응시키게 하려는 이기심 때문에 많은 아이들이 국어가 아닌 영어에 매달리고 있는 것이다.

세계화 시대에 우리 문화의 주체성을 유지하면서, 동시에 그 흐름에 따라가기 위해서는 우리 나라에만 갇혀 있어서도 안 되겠지만, 우리 나라의 것을 버려서도 안 된다. 그러나 지금 우리는 너무 한 쪽으로만 치우치려는 경향이 많은 듯하다. 이 두 가지를 조화시킬 수 있는 지혜가 필요한 때이다.

진정한 세계화는 한국적인 것이 세계로 뻗어 나갈 때 이루어지는 것이라고 생각한다. 우리 것이 없는 상태에서 외국 것만 받아들인다면 그것은 세계화가 아니라 또 다른 식민화가 아닐까.

4 논설문의 얼개는 어떻게 짜야 할까요?

　논설문 쓰기에서 주제를 정하고 자료를 다 모았으면 그 다음에는 어떻게 쓸 것인가 얼개를 짜야 합니다.

　아무런 얼개도 짜 놓지 않고 글을 쓰기 시작하면 제아무리 좋은 주제라고 해도 좋은 글이 나올 수가 없습니다. 그것은 마치 좋은 재료를 사 놓고도 설계도 없이 집을 짓는 것과 같습니다.

　만약에 설계도도 없는 집을 지었다면 그 집은 머지 않아 새롭게 고쳐야 할 곳이 많아질 것입니다. 그렇기 때문에 논설문을 쓰자면 치밀한 설계도면을 잘 짜야 합니다.

앞부분에는 어떤 내용을 쓰고, 가운데 부분은 어떤 내용을 쓰고, 끝부분에는 어떤 내용을 쓸 것인지 미리 도면으로 그려 놔야 할 것입니다.

"쓸 내용이 없어요. 다 써 버렸어요."

만약 이렇게 말하는 어린이가 있다면 분명히 얼개 없이 글을 썼기 때문일 것입니다. 치밀하게 얼개를 짜고 글을 쓰기 시작하면 얼마든지 좋은 글을 쓸 수가 있습니다.

글을 쓰기 전에 앞부분, 가운데 부분, 끝맺음 부분을 적고 각 부분에 어떤 내용을 쓸 것인가 메모해 둡니다. 또한 원고는 얼마만큼 쓸 것인지, 그 분량도 정해 두도록 합니다.

예를 들어 〈저축의 필요성〉이라는 제목의 논설문을 쓴다고 한다면 다음과 같은 얼개를 짤 수 있습니다.

앞부분   · 저축의 중요성
             · 저축을 생활화해야 하는 이유

가운데 부분 · 저축을 하는 방법
             · 저축이 개인과 나라에 끼치는 영향

	·다른 나라의 저축 상황과 우리 나라의 저축 실태
끝부분	·21세기를 눈앞에 둔 상황에서의 저축의 생활화

이렇게 얼개를 짰다면 이제 이를 바탕으로 한 편의 글을 써야 합니다. 다음은 위의 얼개를 바탕으로 쓴 논설문입니다.

다음의 글은 짜임이 비교적 탄탄해서 읽는 사람이 쉽게 공감할 수 있습니다. 이 글도 얼개 없이 무턱대고 쓰기 시작했다면 뒤죽박죽이 되어 설득력을 잃었을 것입니다.

앞 부 분 예 문

저축의 필요성

오늘날 우리 경제는 많은 어려움을 겪고 있다. 하나의 유행처럼 IMF라는 말이 사용될 정도이다.

이렇게 경제가 어렵게 된 결정적 이유는 우리가 외국에서 너무 많은 돈을 빌려 왔기 때문이라고 할 수 있다. 또한 이 말은 국내에 자금이 부족하다는 말과 같다.

저축은 개인의 살림에도 필요한 것이지만 나라 전체의 살림에 있어서도 절대적으로 필요하다. 개인의 저축이 모여서 나라의 경제적 기반이 되어 주기 때문이다.

가운데부분 예문

　　우리는 누구나 어렸을 때 돼지 저금통을 사 본 기억이 있다. 그래서 남는 동전을 넣으며 만족해 했던 경험이 있을 것이다.

　　사람들은 저축 하면 큰돈을 은행에 넣어 두는 것이라고만 생각하지만 꼭 그렇지만은 않다. 돼지 저금통에 넣는 동전처럼 아주 작은 돈도 한 푼 한 푼 모으기 시작하면 나중에 가서는 자신도 미처 예상하지 못했던 큰돈이 될 수 있는 것이다.

　　이렇게 모아진 돈은 개인의 삶을 윤택하게 해 준다. 저축을 조금이라도 한 사람은 꼭 돈이 필요할 때, 남에게 빌리지 않고 스스로의 힘으로 마련할 수 있다. 그뿐 아니라 어려운 일을 당했을 때 유용하게 사용할 수도 있는 것이다.

　　하지만 저축이 개인의 삶만 윤택하게 해 주는 것은 아니다. 개인 개인이 모은 돈은 결국 나라 전체의 살림이 되어 준다. 한 나라가 국민 한 사람 한 사람으로 구

성되듯 한 나라의 경제는 한 사람, 한 사람의 재산으로 이루어지는 것이다.

우리가 은행에 모아 놓은 돈은 국내의 기업들에게는 사업을 유지하고 확장할 수 있는 기틀이 된다. 기업은 개인의 돈으로 시장을 확대하여 결국 국가의 발전에 기여할 수 있고, 부유해진 나라는 다시 국민에게 더욱 많은 혜택을 줄 수가 있다. 결국 개인의 저축은 기업과 나라에 도움을 주며, 다시 그 개인을 위하여 쓰여질 수 있는 것이다.

우리 나라의 저축은 외국의 선진국에 비하여 매우 열악한 편이다. 가까운 일본과의 비교에서도 이 점은 확실히 알 수 있다.

끝 부 분 예 문

　우리는 지금 새 천년을 눈앞에 두고 있다. 미래에서 우리 나라가 경제적 어려움 없이 당당하게 서기 위해서는 무엇보다 경제적 안정이 필요하다.
　경제적 안정은 대통령이나 대기업 사장만이 이룩할 수 있는 것이 결코 아니다. 국민 누구나의 노력 없이는 불가능하다. 즉 국민의 건전한 소비와 저축 생활이 요구되는 것이다. 특히 저축은 현재가 아니라 미래를 준비한다는 점에서 더욱 중요하다고 할 수 있다.

5 논설문은 어떤 형식을 갖고 있나요?

논설문은 크게 처음(서론), 가운데(본론), 끝맺음(결론) 부분으로 나눌 수 있습니다. 논설문은 글쓴이의 주장을 읽는 사람에게 쉽게 눈치챌 수 있도록 해야 하므로 다른 종류의 글에 비해 그 짜임이 분명합니다.

개인적인 견해를 쓰더라도 혼자만의 고집스러운 주장이 아니라, 누구든지 "아, 그럴 수 있겠구나."라고 생각할 수 있도록 논리적이고 총체적이어야 합니다. 또한 이해하기 쉽도록 어떤 근거나 사실을 내세울 때도 모두 공감할 수 있는 내용이어야 합니다. 혼자만의 생각을 억지스럽게 고집해서는 안 됩니다.

1. 서론

　서론의 역할은 논설문의 앞부분입니다. 여기서는 글쓴이가 주장하려고 하는 문제를 제시하며, 앞으로 쓸 내용에 대해 간단하게 소개하는 역할을 합니다.
　하지만 첫 문장부터 다짜고짜 논제를 제시하는 것은 좋은 방법이 아닙니다. 자연스럽게, 그리고 부드럽게 시작해야 합니다. 논설문은 대체적으로 사회성을 띠고 있어서 어렵고 딱딱한 글이라고 생각되기 쉽습니다. 그러나 우리 주변에서 얼마든지 일어날 수 있는 일이나 사건을 다루는 글이기 때문에 충분히 쉽고 편하게 접근할 수 있습니다.

서론을 쓸 때 주의할 점

　첫째, 글의 설계를 완전히 끝낸 후에 써야 합니다.
　제시된 주제에 내용을 줄거리 형태로 적어 보고, 치밀하게 검토한 후에 수정 보완하여 글의 뼈대를 완전히 갖춘 후에 써야 좋은 글이 나옵니다.

　좋은 방법은 원고지에 서론·본론·결론의 내용, 주제를 적고, 쓸 분량을 미리 정해 놓고 쓰는 것입니다. 그렇게 하면 서론을 탄탄하게 시작할 수 있습니다. 서론이 탄탄하게 다져져야 본론·결론을 책임지고 완성할 수 있습니다.

　둘째, 서론의 길이는 글 전체 분량의 5분의 1을 넘어서는 안 됩니다. 처음부터 쓸 데 없이 긴 서론을 제시한다면 글 전체의 무게 중심이 어긋나고 맙니다. 사족이 되는 것이지요. 눈·코·입·귀 등이 알맞은 크기로 어울리도록 갖춰진 얼굴이 아름답다고 여겨지듯이 어떤 글이든 글의 균형을 지켜 주려는 자세가 중요합니다.

　서론은 중심이 되는 문제가 무엇인지를 제시하는 역할을 합니다. 그렇기 때문에 길게 쓸 필요가 없습니다.

　셋째, 서론에서는 써야 하는 부분과 쓰지 않아도 되는 부분을 분명하게 구분하여 써 주어야 합니다.

　보통은 서론부터 제시하는 글을 써야 되지만 더러는 '서론 없이 바로 시작할 것', 또는 '제시된 글 다음에 계속 이어서 쓸 것' 하는 주문이 있을 수 있습니다. 그럴 경우에도 서론, 본론, 결론의 형식을 갖춘 완전한 글이 되도록 해야 합니다.

이제 〈북한의 식량난〉이라는 제목의 논설문에서 서론 부분을 제시해 보도록 하겠습니다.

북한의 식량난

6학년 최성환

21세기를 내다보는 현재, 우리 나라가 직면한 어려움 중의 하나로 북한의 식량난을 들 수 있다.

연이은 홍수와 흉작으로 지금 북한은 기아에 허덕이고 있다. 텔레비전이나 신문을 통해 굶주려서 뼈만 앙상한 북한 아이들을 쉽게 볼 수 있다. 우리는 같은 민족으로서 이 상황에 대하여 안타까워하고 있으며, 마땅히 한 민족으로서 식량을 지원하여야 할 것이다.

5. 논설문은 어떤 형식을 갖고 있나요?

인용문에서 보았듯이 논설문의 서론은 본론에서 주장하려 하는 문제를 제시하거나 주장한 내용을 미리 간단히 알려 줍니다.

2. 본론

본론은 사람의 몸에다 비유한다면 가슴 부위에 해당합니다. 가장 중요한 부분이지요. 여기에서는 서론에서 제시한 문제나 주장할 사항을 자세한 예를 들어 강하게 주장하는 것입니다.

그러자면 그 글을 읽는 사람을 확실하게 설득할 수 있는 적당한 예증이 필요합니다. 그것은 상대방을 설득시키는 데에 있어서는 가장 중요한 부분이기 때문에 될 수 있으면 주장하려 하는 내용에 걸맞은 예증을 들어 논리 정연하게 주장해야 합니다.

그러나 절대 억지스러워서는 안 됩니다. 모든 사람이 공감할 수 있는 그런 내용이어야 합니다.

본론을 쓸 때 주의할 점

첫째, 통일성을 유지해야 합니다.

서론에서 제시한 문제의 범위를 벗어나서는 절대 안 됩니다. 즉 서론의 울타리 안에서 자신의 주장을 펴야 합니다. 쓰는 도중에 아무리 좋은 생각이 떠올랐다 해도 그 글에서 제시한 문제와 아무런 관련이 없는 얘기라면 쓰지 말아야 합니다.

글이란 처음부터 끝까지 하나의 주제로 뭉쳐져야 하는 것입니다. 그 주제를 벗어난다면 글이 산만해지게 되겠죠?

둘째, 본론을 구성하는 글에서 문단의 수는 2~4개가 좋습니다.

본론은 글의 중심 부분이기 때문에 제시된 문제를 좀더 치밀하게 써야 합니다. 따라서 본론은 2~4개의 문단으로 구성하는 것이 적당합니다. 문단이 너무 많아지면 글이 산만해지고 뜻 구별이 어렵습니다.

반대로 문단 구분 없이 너무 길게 이어진다면 그런 경우에도 뜻 전달이 어렵게 되고 읽는 사람이 지루해집니다.

셋째, 충분한 논의가 필요합니다.

본론은 논술문의 중심 부분인 만큼 제시된 주제의 주장이나 견해에 대해 근거를 충분히 밝혀야 합니다.

단, 주장을 뒷받침하는 근거는 누구나 공감할 수 있을 정도로 타당성이 있어야 합니다.

〈북한의 식량난〉의 본론 부분을 이어 보겠습니다.

본론 예문

하지만 현실은 그렇지 못하다. 비정치적인 단체가 북한의 식량난 구제를 위하여 식량 지원을 외치는 동안 정치적인 단체는 오히려 정치적 명목으로 이를 저지하려 하고 있는 것이다. 그로 인해 북한뿐 아니라 국제 적십자에서조차 우리 나라를 비난하기까지 이르렀다. 과연 우리 나라의 현 태도는 옳은 것일까?

북한은 비록 우리와 정치적·군사적으로 적대 관계라 할지라도 엄연한 한 민족이다. 북한의 식량난을 무기로

5. 논설문은 어떤 형식을 갖고 있나요?

> 사용하여 정치적으로 이용하려는 것은 비인간적이다. 같은 동포를 구해 주지는 못할 망정 식량난을 계기로 항복을 요구하는 꼴이다. 이런 방법은 결코 옳은 결과를 낳을 수 없다. 오히려 북한의 적대심만 커질 뿐, 좋은 영향은 없을 것이다.
>
> 물론 북한이 우리에게 많은 시련을 남겨 준 것은 사실이다. 6·25 전쟁 이후에도 여러 번의 군사적 도발이 있었고, 다시 전쟁을 일으킬 조짐을 보이기까지 했다. 그러나 북한은 우리의 적이라는 감정에 앞서 한 민족, 한 동포라는 사실을 받아들여야 한다. 그렇지 않고 계속 북한에 대한 식량 지원을 저지하려 든다면 남북 관계는 더욱더 악화되어 통일은커녕 또다시 전쟁을 초래하는 결과를 가져올지도 모른다.

위의 인용문에서 보았듯이 본론에서는 지은이의 주장과 그 주장을 뒷받침하는 근거가 있어야 합니다.

이렇듯 논설문의 본론은 서론에서 제시한 문제에 대해 구체적인 예증을 들어 조목조목 주장하면 됩니다.

3. 결론

결론에서는 본론에서 말한 내용을 다시 요약하거나, 자신이 내놓은 주장의 핵심이 되는 내용을 분명하게 밝힙니다. 또한 본론의 내용을 간추려 주장을 다시 강조하거나 종합적인 의견으로 마무리짓습니다.

끝맺음은 본론 못지 않게 중요합니다. 본론에서 할 말을 충분히 했어도 끝맺음이 흐지부지된다면 좋은 글이 못 됩니다.

좋은 결론은 전체적인 글의 내용을 간단하고 자연스럽게 표현하는 것입니다. 글을 볼 때 끝맺음 글만 보아도 그 글 전체의 수준을 짐작할 수 있습니다.

결론 쓰는 방법

첫째, 본론에서 전개한 논증의 필연적인 결과를 결론으로 삼습니다. 논설문은 논리정연한 논의를 생명으로 삼기 때문에 결론 또한 논리적이고 체계적이어야 합니다.

둘째, 본론에서 논의한 것을 종합적으로 정리하여 결론을 냅니다. 결론은 글의 마무리이므로 앞에서 논의한 것의 요약이 꼭 들어가야 합니다.

셋째, 일반적인 다른 문제와 결부시켜서 결론을 맺어도 좋습니다. 지금까지 논의한 문제를 좀더 범위가 넓은 다른 문제에 관련시키면서 끝을 맺는 방법입니다.

그런데 오로지 이 방법만으로 결론이 구성되는 경우는 드물며 대개 본론의 요약, 정리와 함께 일반적인 논의를 하는 것이 보통입니다.

넷째, 주제와 관련시켜 앞으로의 전망, 또는 제언을 하며 결론을 맺습니다. 이렇게 결론을 맺으면 자신의 주장을 더욱 강하게 남겨 줄 수 있을 뿐만 아니라 신뢰감도 줍니다.

결론을 쓸 때 주의할 점

첫째, 글의 전개로부터 논리적으로 흘러나오도록 자연스럽게 써야 합니다. 전혀 관련이 없는 유명한 사람의 말을 인용하거나 겉멋을 부려 억지 결론을 맺어서는 안 됩니다.

둘째, 본론의 내용을 새삼스럽게 반복해서는 안 됩니다.

듣기 좋은 꽃노래도 두 번 들으면 지겹다는 말이 있습니다. 앞서 얘기한 내용을 다시 제시한다면 지루함만 더해 줄 뿐입니다. 본론을 요약 정리하는 것은 앞서 말한 내용을 되풀이하라는 뜻은 아닙니다. 산만하고 긴 본론의 내용을 간결하고 단정하게 압축시켜 인상적으로 제시하라는 뜻입니다.

셋째, 부분적인 결론이 아니라 전체적인 결론이 되도록 해야 합니다.

결론은 그 글의 끝맺음입니다. 그렇다면 어느 한 부분만을 강조하여서는 안 됩니다. 대개 본론 끝 부분에 대한 내용을 마무리하는 경우가 많은데 좋은 논설문의 끝부분은 전체적인 결론을 내는 것입니다.

넷째, 결론의 분량은 서론과 비슷해야 합니다. 분량이 딱 정해진 것은 아니지만 서론처럼 전체 글의 5분의 1이 적당

합니다. 불필요하게 늘여뜨려서 결론을 쓴다면 오히려 글을 산만하게 만들고 맙니다.

이제 〈북한의 식량난〉의 결론 부분을 보겠습니다.
본론에서 말한 내용을 요약해 결론을 내리고 있습니다.

결론 예문

우리 민족의 최대 과제는 바로 통일이다. 그 통일을 위해서 우리는 어떠한 시련이나 고난도 극복해야 한다. 이런 와중에 식량난을 무기 삼아 북한을 저지하려 든다는 것은 옳지 못하다. 우리는 북한의 식량난을 망설이지 말고 구제해 주어야 한다. 그럼으로써 북한과의 관계를 보다 더 가깝게 하고, 통일의 길로 한 걸음 더 나아가야 한다.

북한의 식량난을 이용하여 그들의 자멸을 통한 통일을 내세우기보다는 남북한 관계의 개선으로 인한 통일을 내다봐야 할 것이다.

5. 논설문은 어떤 형식을 갖고 있나요? · 103

위의 결론 부분의 인용문은 글쓴이가 부탁하고 바라는 내용입니다. 그렇듯 결론 부분은 본론을 정리해서 다시 한 번 강조하고 종합적인 결론을 내리면 됩니다.

다시 몇 편의 논설문을 예시해 드리겠습니다. 다음 논설문을 읽고 구성 단계를 나누어 보세요. 그리고 주제를 찾아 보세요.

예문

존댓말을 사용하자

6학년 권예림

요즘 어린이들은 부모님께, 또는 할아버지나 할머니께 존댓말을 사용하지 않고 반말을 많이 쓴다. 하지만 그런 버릇은 고쳐져야 한다.

존댓말을 사용해야 하는 이유는 무엇일까?

첫째, 우리 나라는 동방예의지국이다.

서양 사람들은 예로부터 우리 나라를 동방예의지국이

라고 해 왔다. 그런데 이런 호칭이 점점 사라져 가고 있다.

예절은 우리 민족의 자랑스런 유산이다. 이를 지켜 나가지 못하고 어른 앞에서 손을 주머니에 넣고 있다든지, 친구처럼 함부로 말을 건넨다면 우리의 자랑스런 유산은 사라지고 말 것이다.

둘째, 존댓말을 쓰다 보면 부모님이라든지 어른들을 존경할 수 있게 된다.

부모님을 미워하고 어른들께 투덜거리는 아이들은 대부분 존댓말을 쓰지 않는 경우가 많다. 하지만 존댓말을 쓰게 되면 자연스럽게 부모님이나 어른들에 대한 공경의 마음이 생긴다.

셋째, 내가 먼저 어른 공경의 모범을 보인다면 주위 사람과 아랫사람에게 본보기가 될 수 있다.

자신이 존댓말을 쓰기 시작하면 친구들이나, 나이가 어린 동생들도 공손한 말투를 쓰게 된다. 그렇듯 내가 먼저 존댓말을 쓰기 시작할 때, 우리 나라는 영원히 동방예의지국이 될 수 있는 것이다.

특히 어린이는 미래의 주인공이므로 존댓말 사용에 유의하여야 한다. 어린이가 공손한 행동과 함께 존댓말을 사용할 때, 우리의 미래는 훨씬 더 밝고 명랑하게 발전해 나갈 수 있을 것이다.

예문

강물을 오염시키지 말자

　우리가 살아가는 데 없어서는 안 될 것이 있다. 물도 그 중의 하나이다. 만일 물이 없다면 모든 동물과 식물은 죽거나 시들어 버릴 것이다. 물이 없으면 살 수 없기 때문에 예나 지금이나 모든 마을이나 도시는 시내나 강을 끼고 발달하였다.

　그러나 이렇게 긴요하고 소중한 강물이 사람의 손에 의해서 오염되고 있다. 이 물을 오염시키지 않고 깨끗하게 보존하기 위해서는 어떻게 해야 할까?

　첫째, 공장의 정화 시설을 잘 갖추자.

　산업이 발달하면서 강물이 더러워지고 있다. 강물을 더럽히는 원인 중 하나가 공장에서 나오는 폐수이다. 그 폐수를 깨끗이 하려면 정화 시설을 갖추어야 하기 때문에 돈이 많이 든다. 그래서 공장에서는 돈을 아끼

기 위해서 폐수를 그대로 흘려 보내고 있다. 몇 년 전에 낙동강 근처의 공장에서 폐수를 그대로 강으로 흘려 보내어 강에서 살던 물고기들이 떼죽음을 당한 적이 있었다. 그래서 그 근처에 살던 사람들은 많은 불편을 겪게 되었다. 그러니 공장에서는 돈이 많이 들더라도 정화 시설을 제대로 갖추어야 한다.

둘째, 합성 세제를 적게 쓰자.

강물 오염의 큰 원인 중의 하나가 합성 세제이다. 물론 합성 세제들이란 거의 매일 써야 하는 것들이다. 그러나 적게 쓸 수는 있다. 설거지를 할 때는 아주 적은 양의 세제를 쓰도록 한다. 또 쌀뜨물이나 밀가루를 이용할 수 있다. 머리를 감을 때에는 샴푸나 린스 대신 비누로, 목욕을 할 때에는 적은 양의 비누를 쓰도록 한다. 이렇게 합성 세제를 조금씩만 쓴다면 강은 점점 깨끗해질 것이다.

셋째, 강물에 오물을 버리지 말자. 강물이 오염되는 원인의 하나가 강물에 버리는 오물 때문이다. 그 오물은 대부분이 가정에서 물과 함께 버린 음식 찌꺼기나 휴지, 농촌에서 기르는 가축들의 분비물이다. 그러니 강물을 더럽히지 않으려면 가정에서는 음식 찌꺼기나 휴지는 쓰레기통에 따로 버려야 하고, 농촌에서는 가축의 분비물을 썩혀 비료로 써서 강물 오염을 막아야겠다.

우리는 공장의 정화 시설을 잘 갖추도록 하고 합성 세제를 적게 쓰며 오물을 버리지 않도록 해서 조상 대대로 내려온 아름다운 금수 강산을 우리의 후손에게 물려 주어야 할 것이다.

예문

좋은 습관을 기르자

어려서부터 좋은 습관을 기르는 것은 매우 중요하다. 어렸을 때 몸에 밴 습관은 쉽게 고쳐지지 않기 때문이다. '세 살 버릇 여든까지 간다.'는 속담은 어렸을 때부터 좋은 습관을 길러야 함을 강조한 말이다.

좋은 습관은 건강에 좋은 영향을 준다.

예를 들어 아침 일찍 일어나서 아버지와 함께 약수터에 올라가는 습관을 가진 어린이가 있다면, 그 시간에 늦잠을 자는 어린이에 비해 어떨까. 약수터에 올라가는 어린이는 시원한 물과 맑은 공기를 마신 덕에 밥맛도 좋아지고, 몸도 건강해질 것이다. 또한 잠도 포근하고 깊게 들 수 있을 것이다.

나쁜 습관은 다른 사람에게 불편을 주고, 스스로에게는 손해를 주는 일도 많다. 물건을 쓰고 아무 데나 팽

> 개쳐 버리는 습관은 필요한 물건을 찾을 때 허둥대게 만들고 다른 사람에게 불편을 준다. 준비물을 미리 챙기지 않으면 수업 시간에 손해를 볼 뿐 아니라 선생님께 꾸중을 듣는다.
>
> 어렸을 때 익힌 좋은 습관은 평생 귀중한 재산이 된다. 좋지 않은 습관은 고치고, 좋은 습관을 기르도록 노력하자.

논설문이라고 해서 무조건 딱딱하게 써야 하는 것은 아닙니다. 딱딱한 글이 될수록 읽기 어렵고, 이해하기도 어렵습니다. 어린이 여러분이 쉽게 읽고, 쉽게 이해할 수 있도록 하려면 대화체 형식의 논설문을 쓰는 것이 좋습니다. 그럴 경우 읽는 사람을 편하게 해주는 효과를 노릴 수 있고 좀더 자세한 설명을 덧붙일 수 있는 장점이 있습니다. 어린이들에게 학문적인 것을 알려 줄 때 주로 쓰입니다.

예문

고마운 국어 사전

"아버지, '성에'가 무슨 뜻이에요?"

어린이 신문을 읽고 있던 예경이가 아버지께 여쭈어 보았습니다.

"음, 무슨 뜻인가 하면……. 아, 내가 설명하기보다는 네가 직접 국어 사전을 찾아보면 정확하게 그 뜻을 알 수 있을 거야."

아버지께서는 책꽂이에서 국어 사전을 꺼내 주셨습니다.

"아버지, 사전을 찾아보면 모르는 낱말의 뜻을 알 수 있나요?"

"그래, 사전에는 우리가 쓰는 낱말들에 대한 뜻풀이가 되어 있단다. 우리가 일상 생활에서 바르게 알고 있지 못하거나 처음 대하는 낱말이 있으면, 사전을 통해 정확한 말뜻을 확인해 볼 수 있지. 그러니까 국어 사전은 우리가 바른 말을 쓰는 데 나침반과 같은 구실을 하는 거란다."

"아버지, 그럼 낱말들을 사전에서 찾아보려면 어떻게 해야 하나요?"

"우리말에는 무수히 많은 낱말들이 있지. 그래서 낱말들의 배열 순서를 정해 놓고, 그 순서대로 사전에 실었단다. 우리 한글에는 글자의 순서가 있다는 것을 예경이도 알지? 바로 그 순서에 따라 낱말들을 배열해 놓았단다. 그럼 아까 신문에서 보았던 '성에'를 한번 찾아볼까? 먼저 첫째 글자가 '성'이니까 순서에 따라 첫소리 'ㅅ'에서 찾고, 가운뎃소리는 'ㅓ'니까 'ㅏ'부터 살펴보면 '서'가 나오지? 그 다음에 끝소리 'ㅇ'을 찾아 가면 '성'이 나올 거야. 둘째 글자 '에'도 이렇게 찾으면 되지."

"아버지, 여기에 '성에'가 있어요. '추운 겨울에 유리나 벽 등에 김이 서려서 서리처럼 허옇게 얼어붙은 것.'이라고 하였네요."

"그래, 그렇게 사전을 찾아보면 뜻을 잘 모르는 말이나 바르게 이해하지 못했던 말을 알게 되지. 사전에 실려 있는 '성에'와 같은 하나하나의 낱말을 올림말이라고 하고, 그 말의 뜻을 풀어 놓은 것을 뜻풀이라고 한단다."

"그러니까 '성에'는 올림말이고, '추운 겨울에 유리나 벽 등에 김이 서려서 서리처럼 허옇게 얼어붙은 것.'은 뜻풀이군요."

"그렇지. 예경아, 그럼 우리 '우레'가 무슨 뜻인지 찾아볼까?"

"네. '우레'를 보니까 '우레'의 비슷한 말이 '천둥'이라고 나와 있어요. 그리고 '우뢰'는 표준어가 아니래요. 또 '우레 같은 박수 소리.'라고 그 낱말이 실제로 쓰인 예도 나와 있어요."

"그렇단다. 사전의 뜻풀이에는 뜻에 대한 설명뿐 아니라 비슷한 말, 반대말, 그리고 그 낱말이 실제로 쓰인 예도 실려 있지. 또 사전에는 잘못된 말, 방언, 외래어도 실려 있단다. 그리고 이해를 돕기 위하여 그림이나 사진이 곁들여 있기도 하지."

예경이는 아버지의 말씀을 듣고, 사전을 천천히 넘겨 보았습니다. 정말 거기에는 비슷한 말, 반대말들도 실려 있었습니다.

예경이는 또 무슨 낱말을 찾아볼까 하면서 신문을 읽어 보았습니다. 그러다가 '헝클어진'이라는 낱말을 발견하고는 사전을 찾아보았습니다. 그런데 '헝클어진'은 사전에 없었습니다.

"아버지, '헝클어진'이라는 낱말이 이 사전에는 없어요. 좀더 큰 사전을 찾아보면 나올까요?"

"아니, 그 낱말은 그냥 찾으면 안 된단다. '헝클어진'을 찾기 위해서는 '헝클어지다'를 찾아야 해. 왜냐하면 이 낱말은 '헝클어진, 헝클어지고, 헝클어지니까, 헝클어지면……'과 같이, 여러 형태로 낱말의 꼴이 바뀌기 때문이지. 이 많은 낱말을 모두 사전에 올릴 수는 없으니까 으뜸꼴만 싣지. 그래서 '붉은'이나 '밝으면'도 '붉다', '밝다'에서 찾아야 한단다."

그리고 아버지께서는 한 낱말에 비슷한 뜻이 여러 개

있으면 하나의 올림말에 그 뜻을 다 싣지만, 뜻이 전혀 다르면 비록 소리가 같은 낱말이라도 따로따로 올림말로 싣는다고 설명해 주셨습니다.

예경이는 국어 사전에 대하여 많은 것을 알게 되었습니다. 사전은 우리말에 대한 여러 가지 중요한 사실을 알게 해 주는 나침반이라는 것을 깊이 깨달았습니다. 그래서 앞으로는 이렇게 고마운 사전을 더욱 가까이 하여 우리말을 올바르게 사용해야겠다고 생각하였습니다.

예문

자전거 도로와 전기 자동차 개발에 대하여

길거리에 나가 보면 24시간 자동차들이 쉽없이 오고 간다. 그 자동차들이 내뿜는 대기 오염은 이미 위험 수위를 넘어섰을 정도이다. 대기 오염이 인간의 건강에 미치는 영향 또한 심각한 상황이다.

그러나 인간의 복지를 위하여 만들어진 자동차를 대기 오염의 주범이라고 해서, 인간의 건강을 망친다고 해서 없앨 수도 없다. 그렇다고 지금과 같은 자동차 증가를 그냥 놔둘 수도 없는 것이 현실이다.

현실적으로 환경 오염을 줄이려면 적절한 교통 수단을 선택해야 할 것이다.

환경 오염을 줄일 수 있는 가장 적절한 방법으로는 전기 자동차나 자전거를 이용하는 것이라고 할 수 있겠다. 전기 자동차는 빠르면서도 오염 물질을 전혀 배출하지 않는 우수한 교통 수단으로 인정받아 세계적으로 연구가 한창 진행되고 있다.

그러나 현실적으로 보았을 때 전기 자동차가 적절한 교통 수단이 되려면 많은 문제점을 해결하여야 한다. 우선 전기 자동차가 오염 물질을 직접 발생시키지는 않는다 해도 에너지원인 전기를 이용해야 하는데, 그 전기 연료가 대단히 많이 들 것이다. 그 전기 연료를 해결하기 위해서 다른 에너지를 사용할 수밖에 없기 때문에 결국 환경 오염을 완전히 해결해 줄 수는 없는 것이다.

이런 점에서 본다면 자전거야말로 가장 적절한 교통 수단이라고 볼 수 있을 것이다. 세계 강대국이라고 자랑하는 일본에도 자전거 보급률이 대단하다. 출퇴근 시간이면 수없이 많은 사람들이 자전거를 이용하고 있다.

우리 나라의 엄청난 자동차들이 거의 출퇴근용으로 사용되고 있는 것과 비교한다면 엄청난 차이이다. 그렇기 때문에 동경처럼 복잡한 도시에서도 교통 체증이 우

리 나라처럼 심각하지 않을 수 있는 것이다.

하지만 우리 나라에서 자전거를 적절한 교통 수단으로 사용하기에는 문제점이 있다.

우선 자전거 전용 도로 문제이다. 아직은 거의가 자동차 위주의 도로를 운영하고 있기 때문에 자전거 출퇴근이란 결코 쉬운 일이 아니다. 자전거 도로가 없는 곳이 많기 때문에 할 수 없이 자동차 전용 도로로 달려야 하고, 교통 사고의 위험이 그만큼 높은 것이다.

그러나 그 문제는 자전거 전용 도로를 점차 건설하여 해결할 수 있을 것이다.

전용 도로를 건설해 나가면서 자전거 타기를 방해하는 여러 요인들을 한 가지씩 해결해 나가는 것도 중요하다. 우선 도로와 보도 블록의 턱을 없애야 한다. 그래서 자전거를 쉽게 오르내릴 수 있게 해 줘야 한다. 또한 버스, 기차, 지하철에서도 자전거를 쉽게 싣고 다닐 수 있는 시설과 제도를 만들어야 한다. 그렇게 된다면 자전거 타기의 생활화는 쉽게 다가올 것이다.

사회와 학교가 공동으로 노력을 기울인다면 훨씬 더

많은 효과를 거둘 수 있을 것이다.

　자전거 확대 보급을 위하여 전기 자동차 생산을 반대한다는 것은 아니다. 자전거의 단점은 장거리에 불가능하다는 것이다. 그렇다면 장거리에 사용될 수 있는 자동차가 필요할 수밖에 없다. 그렇기 때문에 저공해 자동차의 개발, 보급은 하루 빨리 이뤄져야 할 것이다.

【에필로그】

책을 왜 읽어야 할까요?

손에서 핸드폰을 놓지 못하는 요즘 아이들이 책을 읽어야 할 이유는 분명하다. 영상이 넘치는 시대에 왜 글읽기를 해야 하느냐고 묻는다면, 이 진부한 질문의 시작이 참신함의 역행이 필요한 요즘이다. 정보의 양이 쏟아지는 디지털 시대에 정보 양을 많이 습득할수록 어느 정도의 지식수준과 문해력을 갖췄다는 착각의 상태에 빠진다. 그러나 정보를 얻는 것과 독서를 하는 행위는 전혀 별개의 차원이다. 독서는 텍스트의 뜻을 헤아리고 행간행간 마다 연결되는 의미를 풀어가는 고차원의 인지행위다. 나의 관점에서 생각하고 의미를 재구성하는, 매우 적극적이고 미래지향적인 인지활동인 것이다. 오늘날 중요한 이슈로 부각되는 가짜뉴스, 사회적 문제, 가상과 현재가 뒤섞이는 현실에서 독서는 가치판단이나 사실과 허위를 구분하는 당위성이 만들어진다는 것에 매우 중요한 도구다. 다양한 디지털 매체의 증가로 오히려 집중력이 떨어진다. 주의를 빼앗기면 집중력이 떨어지고 한 곳에 몰입하는 현상이 나타난다. 이런 집중하지 못하여 사고의 깊이가 소멸되는 현상이 발생할 가능성이 크다. 인간이 인공지능이나 기술문명에만 의존하면 지식의 노예가 될 수 있듯이 말이다. 영상 길이가 1분이 넘지 않는 댄스 챌린지 영상을 보고 있으면, 시간이 가는 줄 모르고 손에서 핸드폰을 놓지 못한다. 1.5배나 2배속으로 빨리 돌려보는 동영상은 어떨까. 그럴수록 우리의 집중력은 퇴화되는 게 아닌가 싶다. 갈수록 집중력은 떨어지고 정보의 습득은 가벼운 정보전달에 불과하여 깊이 읽는 사고의 문맹률은 계속 늘어날 것이다. 슬픈 현실에서 우리가 알아야 할 것은 집중력을 되찾는 것이다. 방법은 한 가지다. 책을 읽는 것이다. 독서가 가진 긍정적이고 실용가능성의 효용성은 빌게이츠, 스티브잡스, 일론머스크, 워런 버핏 등 성공한 인물들의 예로 알 수 있다. 독서의 지속 가능성은 항상 열려 있었다. 움베르트 에코는 "책 읽지 않는 사람은 단지 자신의 삶만 살아가고 또 앞으로 그럴 테지만, 책 읽는 사람은 아주 많은 삶을 살 수 있다"라고 했다. 인지 신경학자인 메리언 울프에 따르면 인간은 '읽는 유전자'를 가지고 있지 않았다고 한다. 선천적으로 타고난 것이 아니라 후천적으로 꾸준히 훈련하여 습관을 만들어 읽는 능력을 키워 나가야 한다. 읽어야 성장할 수 있고 지속 가능하게 나아갈 수 있다. 읽는 사람은 읽지 않는 사람에 비해 뇌의 가소성은 증가한다. 깊이 오래 읽을 때 뇌 가소성은 더욱 발달한다. 메리언 울프는 뛰어난 독서가의 뇌는 문서의 빠른 해석을 가능하게 하는 특정 부분이 발달한다고 말했다. 특정 부분이란 오래되고 지속적인 깊은 독서로 나아가는 행위다. 그 행위가 독서의 중요한 역할이다. 책을 읽으면 뇌가 활성화되면서 처음에는 책을 읽는 것이 어렵지만 우리 뇌는 습관화되면 독서도 쉽게 읽는 방향을 그린다. 뇌의 가소성(可塑性, neural plasticity) 덕분에 뇌는 자주 경험하는 일을 신경 회로를 변형시켜 더 쉽고 빠르게 처리해 낸다. 이를 통해 책을 읽는 행위가 자연스럽게 다가온다.

책 읽는 뇌를 만들어가는 것은 지속가능한 독서의 시작이다. 전략적인 독서로 이어가다 보면 자연스러운 독서습관이 만들어지고 나아가 독서는 일상이 된다. 일상의 독서는 후천적인 노력, 즉 습관과 마음가짐이다. 좋은 독서환경을 만들어가는 것도 독서의 지속가능성이다. 필요 이상으로 우리의 책 읽기는 디지털 시대에 절실하게 요구되는 생존 도구임에 틀림없다. 디지털 시대에 스스로 자각하고 통찰하는 사람만이 살아남을 것이다. 독서가 인류의 생존 조건으로 다시 주목받고 있는 이유다.

◼ 저자 김종윤 약력

전라북도 남원시 대산면에서 태어나 한국외국어대학교 법학과를 졸업하였다.
1993년 월간 『시와 비평』으로 등단하여
장편소설 『어머니는 누구일까』, 『아버지는 누구일까』,
『날마다 이혼을 꿈꾸는 여자』, 『어머니의 일생』 등이 있으며,
옴니버스식 창작동화 『가족동화 10편, 가족이란 누구일까요?』가 있다.
그리고 『문장작법과 토론의 기술』, 『어린이 문장강화(전13권)』이 있다.

나의 첫 질문 국어공부 어떻게 해야 할까요?
제1권 : 어린이 문장강화 **논설문** 편

초판 1쇄 인쇄일 : 2025년 4월 11일
초판 1쇄 발행일 : 2025년 4월 17일

지은이 : 김종윤
발행인 : 김종윤
펴낸곳 : 주식회사 **자유지성사**
등록번호 : 제 2-1173호
등록일자 : 1991년 5월 18일

서울특별시 송파구 위례성대로 8길 58, 202호
전화 : 02) 333-9535 / 팩스 : 02) 6280-9535
E-mail : fibook@naver.com
ISBN : 978-89-7997-442-3 (73800)

이 책은 저작권법에 따라 보호받는 저작물이므로 무단전재와 복제를 금합니다.